Despida

Despida

Uma história sobre superação, ressignificação, resiliência e fé

Leila Hadad

© Leila Hadad, 2024
Todos os direitos desta edição reservados à Editora Labrador.

Coordenação editorial Pamela Oliveira
Assistência editorial Leticia Oliveira, Jaqueline Corrêa
Consultoria de escrita Central de Escritores: Rose Lira, Gabriella Maciel Ferreira, Márcio Moreira
Projeto gráfico e capa Amanda Chagas
Diagramação Estúdio dS
Preparação de texto Fabrícia Carpinelli
Revisão Daniela Georgeto

Dados Internacionais de Catalogação na Publicação (CIP)
Jéssica de Oliveira Molinari - CRB-8/9852

Hadad, Leila
   Despida: Uma história sobre superação, ressignificação, resiliência e fé / Leila Hadad. – 1. ed.
   São Paulo : Labrador, 2024.
   160 p.

   ISBN 978-65-5625-493-7

   1. Hadad, Leila – Narrativas pessoais 2. Vítimas de acidentes de trânsito – Superação 3. Pessoas com deficiência I. Título

23-6627   CDD 920.72

Índice para catálogo sistemático:
1. Hadad, Leila – Narrativas pessoais

Labrador

Diretor-geral Daniel Pinsky
Rua Dr. José Elias, 520, sala 1
Alto da Lapa | 05083-030 | São Paulo | SP
contato@editoralabrador.com.br | (11) 3641-7446
editoralabrador.com.br

A reprodução de qualquer parte desta obra é ilegal e configura uma apropriação indevida dos direitos intelectuais e patrimoniais da autora. A editora não é responsável pelo conteúdo deste livro. A autora conhece os fatos narrados, pelos quais é responsável, assim como se responsabiliza pelos juízos emitidos.

A Gabriel, meu filho, com todo meu amor.

AGRADECIMENTOS

Existe um versículo no livro de Filipenses que diz: "porque Ele produz em nós tanto o querer como o realizar". Por meio do livro que você lê agora, pude experimentar essa passagem da Bíblia da forma mais concreta, real e materializada. O livro jamais teria sido possível se não fosse por Ele, a Palavra. Então, agradeço a Deus por cada acontecimento vivido, emoção sentida, lágrima caída e riso provocado pelas lembranças que chegaram à minha mente, por cada história e palavra escrita em todos os estágios deste processo. Agradeço a Deus por nunca falhar, por não desistir da minha vida e pelo desejo que colocou em meu coração de compartilhar minhas experiências nesta obra.

Além de despertar a vontade, Ele nos dá condições e instrumentos para concretizar aquilo que deseja que seja feito. Comigo não foi diferente. Então, quero agradecer a todos e a tudo que Ele enviou para a realização deste projeto.

Agradeço ao meu pai e à minha mãe, Sr. Lázaro (em memória) e D. Francisca, pela sabedoria, ensinamentos e "puxões de orelha" que moldaram minha vida, valores, caráter e me fazem bem até o dia de hoje. E a maior parte do que aprendi, transmiti ao meu filho. Obrigada por tanto, amo vocês.

Com alegria e muita gratidão, agradeço ao Júlio Ericeira, que se importou com minha vida e cuidou dela em um momento muito difícil. Foi um instrumento de Deus para que hoje eu pudesse estar aqui contando esta história.

Keilla Lopes, obrigada pela sua escuta com zelo e respeito, mesmo quando eu confundia a ordem dos fatos, do tempo, quando eu interrompia a fala ou repetia por inúmeras vezes a mesma história. Obrigada por me ajudar a encontrar o "fio da meada" e a desatar cada "nó", organizando a linha da minha vida e me fazendo enxergar possibilidades que eu nem imaginava. Você foi um instrumento precioso que Deus colocou em minha vida. Sou imensamente grata a você pelo percurso percorrido e por chegar até aqui.

Arthur Figueiredo e Gabriel Hadad Figueiredo, obrigada pela presença forte e participativa em minha vida. Agradeço o companheirismo, a cumplicidade e por acreditarem tanto neste projeto, às vezes até mais do que eu, e por não permitirem que eu desistisse. Amo vocês.

Aos meus irmãos Neto, Zilda, Jorge, Miguel, Salma e Ricardo Haddad, agradeço o amor que sempre tiveram por mim, a segurança que me deram, a certeza de que tenho um porto seguro. Pelas ações e orações que tiveram para preservar minha vida, por me favorecem a tê-la com qualidade, obrigada. Amo e respeito cada um e tenho imensa gratidão por vocês.

Também agradeço aos amigos: Michele Paiva, por tantas reflexões, confissões, risadas e choros que já tivemos juntas; Rosely Vieira, pela longa amizade e incentivos que compartilhamos desde que éramos crianças; Bruno Moreira, pelas conversas que tivemos e fizeram tanta diferença; Cidinha Pires, por sua presença cheia de amor e alegria na minha vida; Isabel Aquino, pela sensibilidade e capacidade de se colocar no lugar do outro como ninguém; Ana Socorro Braga, pela sua presença diária no tempo em que vivenciei esta história; Grazyelle Prego, pela força e determinação; Joana Paniago, pela generosidade de olhar além do aparente, por escutar com a alma; Fernanda Seroa, pela torcida neste projeto, sempre com muito respeito e expressão de amor em cada palavra ou abraço.

Meu muito obrigada à Central de Escritores, nas pessoas de Rose Lira, Gabriella Maciel e Márcio Moreira, pela paciência e deferência à ideia desta história desde a primeira reunião, assim como pelo empenho na revisão e concretização deste livro.

SUMÁRIO

Prefácio 13
Onde e como você está? 17

O COMEÇO 21

Capítulo 1 | QUANDO O INESPERADO
ESPEROU POR MIM 23

Capítulo 2 | ADAPTAR E ANDAR, TUDO
COMEÇA COM A 43

Capítulo 3 | A LUTA ENTRE O APEGO E O
DESAPEGO DO QUE JÁ FOI 59

Capítulo 4 | QUANDO A FASE AGUDA GERA
PODER 77

O RECOMEÇO 89

Capítulo 5 | RECOMEÇAR ENVOLVE O
ENTORNO 91

Capítulo 6 | CICATRIZES NÃO SE FIXAM
SOMENTE NA PELE 113

Capítulo 7 | A MEMÓRIA NÃO ESTACIONA NO PASSADO...127

Capítulo 8 | RECOMEÇAR É ONDE ESTOU AGORA..139

Onde e como estou eu? 153

PREFÁCIO

Quando as pessoas me falam "eu sou fraco", eu não nego. Afinal, por que não podemos ser fracos? A dificuldade de enfrentarmos as "fraquezas" produz dois tipos de reação: sou fraco e me entrego ou sou fraco, mas nego.

Em ambos os casos as consequências são desastrosas, pois não há enfrentamento. Quando nos rendemos à fraqueza, nos sentimos incapazes de qualquer movimento em prol de sairmos da situação, pois já nos consideramos fracassados. Quando negamos, atropelamos o processo de reconhecimento da dor e as consequências dessa fuga.

Então devemos olhar para onde a "fraqueza" aponta. Ver o que ela tem para nos mostrar. Sentir o que precisa ser sentido e só depois, mais conscientes, enfrentar.

Quando algo trágico nos tira do eixo, podemos tomar esses dois caminhos. Porém, a cura vem do entendimento.

Este livro não tem a pretensão de indicar "o caminho", muito menos a autora pretende receitar estratégias únicas. Porém, histórias de superação nos trazem a identificação positiva que muitas vezes necessitamos para seguir.

No caso da Leila, a necessidade de se levantar era primeiramente material. Ela precisava voltar a andar. Agora, "caminhar" foi um processo mais longo... precisava fortalecer além dos músculos.

Então, quando finalmente reuniu o que antes estava separado, corpo e alma, o caminhar se tornou possível.

Como é mágico acompanhar esse processo! Obrigada por me permitir fazer parte desse caminho.

E, quando as pernas já não suportarem a sua grandeza, crie asas e voe! O céu é o limite!

Keilla Lopes
Psicóloga clínica do Instituto
de Psicologia e Educação (IPE)

"Mesmo quando tudo parece desabar, cabe a mim decidir entre rir ou chorar, ir ou ficar, desistir ou lutar; porque descobri, no caminho incerto da vida, que o mais importante é o decidir."
— **Cora Coralina**

ONDE E COMO VOCÊ ESTÁ?

Gosto muito de histórias reais, de pessoas reais, daquelas que você sabe que passam por dias de guerra e paz. Pessoas que nem sempre acordam belas e plenas, mas que, ainda assim, saem para a vida, mesmo desejando ardentemente voltar para seu cantinho e ficar somente em sua companhia.

Gosto de pessoas que têm celulite, unha encravada ou bicho-de-pé. Não me agrada em nada o modelo "Barbie", perfeitinho, uma vida na qual todos os dias são iguais e incríveis. Um indivíduo assim não existe. Se você encontrar algum na rua, tenha certeza de que é um personagem, que, na maioria das vezes, tenta esconder não uma vida infeliz, mas uma vida normal, daquelas com momentos bons e ruins, com brigas e alegrias em casa.

Algumas pessoas não entendem que este é o mote da vida: viver, cuidar de si e compreender por que algumas coisas incomodam.

Aos 23 anos, sofri um acidente que fez minha perna esquerda ser amputada. Desde então, vivi perdas e alegrias, altos e baixos, numa jornada de recuperação e autoconhecimento. Porém, com o tempo, percebi que algumas situações ditas normais me deixavam desconfortável.

Certos elogios me deixam confusa. Guerreira é um deles. Só porque estou caminhando em um parque, relaxando ao ar livre, fazendo exatamente a mesma coisa que todos naquele recinto, sou guerreira? Aquele era meu momento de descanso, de melhorar minha saúde física e mental ou simplesmente andar pelo prazer do movimento. Não era questão de ser ou não guerreira, era somente questão de viver.

Intrigava-me, ou, na verdade, incomodava mesmo, ser vista como "guerreira" apenas por ser uma pessoa com deficiência física e estar caminhando. Como se eu tivesse algum superpoder (quem me dera!) que me tornasse diferente ou privilegiada. Por favor, não me interprete mal. De verdade, entendo o que o outro quer dizer quando se refere a "guerreira". Provavelmente, admira o esforço que talvez pense que não possui. Baseia-se muito mais em si do que em mim, entende? Não me vejo guerreira, mas como alguém que deseja viver e não sobreviver às circunstâncias da vida. Isso não me basta. Quero realizar, construir, ter paz comigo mesma, respeitar meus limites não apenas físicos, mas, e principalmente, os emocionais.

Esse tipo de aplauso me dava a sensação de invalidar todo o meu caminho até ali. E novamente afirmo, não é o outro, esse é um incômodo meu. Até eu conseguir colocar shorts, camiseta e tênis, e sair para caminhar, precisei superar meus próprios medos e preconceitos, além de ressignificar muita história e colocar cada pensamento na "caixa" correta. Precisei, enfim, me perdoar, me enfrentar e escolher ser feliz na minha própria condição. Não foi injetado um superpoder em mim no dia seguinte à amputação. E todas as pessoas, deficientes ou não, em algum momento passam por dificuldades.

Gosto de saber que não foi somente a decisão de superar os medos e preconceitos que me fez vencê-los. Tive, e tenho, o privilégio de contar com suporte, uma rede de apoio que me ajudou a desenrolar o meu novelo e encontrar seu fio inicial para então traçar uma nova e diferente rota na minha caminhada.

E foi assim que surgiu a ideia deste livro.

Quero compartilhar momentos importantes da minha história a partir do que vivi, do meu próprio olhar e meus próprios sentimentos, e não pelo que ela poderia parecer aos olhos dos outros.

Penso que, a cada dia, mais e mais pessoas desejam conhecer outras pessoas reais, que dão gargalhadas e que sofrem, que caem e levantam, que pensam em desistir, mas dão mais um passo, que são capazes de atravessar desertos com a esperança de chegar em um oásis.

Dessa forma, te convido a conhecer parte da minha vida contada sem filtros, despida, como um grito de liberdade maravilhoso, porque quem realmente sabe da minha vida real sou eu.

Desejo que, por meio desta leitura, você mergulhe no seu próprio oceano. Que ela te leve a refletir sobre suas escolhas e os frutos que têm colhido em decorrência delas. Que te faça pensar que não existe ser novo ou velho demais para organizar seus sentimentos e (re)começar a vida levando uma bagagem mais leve, sem penduricalhos que, além de barulhentos, parecem ser maiores do que realmente são e facilmente engatam, se prendem e atrapalham seu seguir em frente, não importando onde ou como você está.

Desejo uma leitura tão leve como a escrita que desejei realizar aqui. Como uma caminhada no parque num dia de verão.

Leila Hadad

o começo

CAPÍTULO 1

QUANDO O INESPERADO ESPEROU POR MIM

Quando o inesperado leva uma parte de nós.

*"Eu é que sei que pensamentos
tenho a vosso respeito, diz o Senhor,
pensamentos de paz e não de mal,
para vos dar o fim que desejais."*

(Jeremias 29:11)

Acordei atordoada. Percebi que havia passado por um período longo de sono profundo, mas despertei em decorrência de uma coceira alarmante. Era minha perna esquerda, em especial meu joelho, que coçava incessantemente.

Não sabia exatamente onde estava ou o que havia acontecido. Ao tentar levantar para coçar a perna, uma enfermeira se aproximou e disse: "não levanta a cabeça, pode te causar dores por conta da anestesia, você passou por uma cirurgia". Foi quando me lembrei da noite anterior: sabia que tinha atravessado uma grande tempestade.

Ainda deitada, curvei meu corpo pela lateral, a fim de alcançar a altura do joelho, na bendita coceira. Coloquei a mão no local exato em que sentia o incômodo, mas não conseguia tocar o joelho. Achei estranho, mas continuei subindo. Buscava apalpar a posição onde sentia que estava minha perna, mas só tocava num lençol fino e branco.

Até que finalmente encontrei! Mas, em vez do joelho, toquei na minha coxa, quase na altura da virilha. Emudeci e novamente me lembrei da noite anterior.

> A garganta ficou seca de repente e me veio um pensamento: *foi só uma perna*. *Sim, foi só uma perna*, como se esperasse que logo ela voltasse a crescer.

Isso me trouxe, num primeiro momento, calma e até uma certa tranquilidade para lidar com a situação. Descobri rapidamente que minha perna não estava mais no meu corpo, mas, ao mesmo tempo, pensava: *calma, foi só uma perna, logo isso passa*. Foi quando minha mãe entrou. Eu estava na UTI de um hospital em São Luís, no Maranhão. Ela se aproximou com uma aflição palpável, com certeza imaginando qual seria a minha reação e dor ao descobrir a amputação.

Nesse momento, entendi que não poderia causar uma dor maior a ela, que já estava sofrendo demais. Com o intuito de tranquilizá-la, disse: "está tudo bem". Não houve choro ou desespero da minha parte naquele momento, queria ficar bem e desejava que minha família também ficasse. Como ficaria minha vida, como resolveria isso... aí eu não fazia a menor ideia, pois tudo era muito novo para mim. Eu estava em território desconhecido.

Eu tinha apenas 23 anos quando tudo aconteceu. Na noite anterior, saí com alguns amigos para uma festa — na verdade, como boa maranhense, fui a um reggae. Estávamos em um grupo de cinco pessoas. Paulinho, o mais novo, era o único homem no meio de quatro mulheres: Cidinha, Silvia, Tatiana e eu, todas na mesma faixa etária.

Chegamos ao local e fomos dançar ao som da radiola, fazendo as coreografias do reggae maranhense. Paulinho preferiu sentar-se à mesa e ficou lá pensativo, só observando. Ele estava aparentemente cansado, tanto que se debruçou sobre a mesa e disse que tiraria um cochilo.

Era sexta-feira. Meu dia tinha sido bom. Eu tinha participado de um projeto sobre dança folclórica e havia entregado um material para Nerine, professora e coordenadora do projeto. Estava com a alma leve, sensação de dever cumprido.

Decidimos ir embora por volta da meia-noite. Estávamos em um carro que tinha a janela do passageiro emperrada. O vidro não baixava, e lembro que fazia muito calor em São Luís. Sentar-se no banco de trás, no lado do motorista, era um privilégio e disputávamos o lugar. Fizemos uma corrida até o carro e, quem chegasse primeiro, ganharia o assento privilegiado — e eu venci!

Paulinho deu partida e tomamos o rumo de casa. Pegamos a rua na direção da Av. Litorânea, passamos pela Lagoa Jansen e, logo depois, por uma curva grande e aberta. Ao entrar na curva, havia uma boca de lobo com a tampa levantada e Paulinho, para desviar, fez uma curva aberta e o carro subiu o canteiro da avenida. Duas rodas continuavam sobre a pista, enquanto as outras corriam sobre o meio-fio.

Nós nos sacudíamos lá dentro, sem saber o que estava acontecendo. O carro havia perdido a direção. De repente, ouvimos uma batida alta, seguida por um silêncio ensurdecedor. Paramos. Na verdade, tínhamos batido contra um poste.

Não lembro de ouvir gritos ou gemidos dentro do carro. Sabia que tínhamos batido e vi que algumas pessoas começaram a se aproximar do veículo e prestar socorro. Conseguiram tirar as meninas e eu aguardava minha vez. Eu e Paulinho ficamos por mais um tempo. Não conseguia ver onde estava minha perna esquerda... O banco do Paulinho havia se inclinado para trás sobre meu corpo. Estávamos próximos. Da minha posição, conseguia ver um corte no supercílio dele, mas não havia expressão de dor ou desconforto. Ele estava imóvel, semblante tranquilo. Porém, o mundo ao meu redor era como uma tempestade, havia muita coisa para processar e entender naquele momento.

> Era como uma enxurrada. O que se faz quando ela chega? Eu queria viver, me sentir segura, acolhida, confortável na minha vida, mas era um caos, como uma grande chuva que arrasta tudo.

Algumas pessoas conseguiram tirar Paulinho do carro e ouvi um deles falar que ele não respondia. Havia falecido. Como assim? Há minutos estávamos todos sorrindo e agora, de repente, Paulinho não estava mais ali? Tive mais tristeza e medo, mas, de alguma forma, desejei me afastar da situação e da realidade que estava à minha frente. Estava sem forças, incapaz de entender o que acontecia. Depois que retiraram meu amigo, arrancaram o banco onde ele estava, o mesmo que prendia minha perna direita. Acredito que arrancaram a porta também, pois senti uma brisa no rosto, o vento úmido do mar entrando no carro e trazendo uma sensação tão boa... mas eu continuava presa ali, nos restos do carro. Só não entendia por que não me tiravam também.

Tive medo do carro pegar fogo, mas me acalmei ao perceber que todos permaneciam ao redor do veículo. Tentei me mexer, puxar minha perna esquerda, mas tive a sensação de rasgar um pano velho. Então deixei pra lá, fiquei quieta. Não sentia dor, somente desconforto e fraqueza.

Coisas estranhas acontecem nesses momentos. Uma delas foi alguém que se aproximou através da janela, calmamente pegou meu braço, tirou meu relógio, depois meus óculos e foi embora — eu estava sendo assaltada naquela situação, acredite. Por outro lado, fui visitada por uma figura que, a princípio, não tinha certeza se era real ou algum delírio. Mas ele estava lá.

O rapaz entrou e se sentou ao meu lado. Conversava comigo sobre a vida, minhas pretensões para o futuro, que curso eu fazia, se gostava de história das artes... Eu dizia que queria só dormir um pouco, mas ele era firme, batia no meu rosto e continuava a conversa, exigindo atenção e respostas. Foi ele quem me manteve acordada à espera do socorro, que demorou pouco mais de uma hora para chegar.

Enquanto isso, esbarrei com minha mão em algo pontiagudo e sangrento. Toquei o objeto novamente e percebi que era meu próprio fêmur. Fiquei muito assustada! *Por que meu fêmur está aqui, com um pedaço para fora do meu corpo?*, pensei. Tive muito medo de morrer, da situação vulnerável em que me encontrava, de não saber exatamente o que estava acontecendo, mas o rapaz estava lá, garantindo que tudo ia ficar bem. Ele tirou a camisa, cobriu minha perna e continuou a conversar; por mais que eu pedisse, ele não me deixava dormir.

O socorro chegou e eu lembro que falaram que não tinham como cortar o carro; me tiraram dali como quem tira uma criança da cama. Fui suspensa e colocada sobre o banco no carro dos bombeiros. Alguns dias antes do acidente, coincidentemente, eu havia lido sobre como se deve resgatar alguém em uma situação como esta a fim de evitar lesões na coluna. Era preciso imobilizar a pessoa antes de movê-la, para que não houvesse lesões maiores, porém esse protocolo não foi usado.

Eu queria que tivessem cuidado comigo, mas quase não tinha mais forças para falar. Estava entrando num estado de paz como nunca havia experimentado. Sei que o "anjo" que me acompanhava no carro seguiu a viagem comigo. Embora algumas memórias desse dia sejam bastante confusas, lembro que já a caminho do hospital, comecei a ouvir a voz da pessoa que me acompanhava dizer: "respeito, respeito, ela está viva", e ao mesmo tempo sentia meus seios serem tocados. Cheguei a pensar que poderia estar tendo algum problema cardíaco, mas não! Foi uma experiência muito estranha. É uma recordação desse acontecimento, se real ou não, não tenho como afirmar.

===

Bem na entrada do hospital, quando fui colocada numa maca, pude ver minhas pernas pela primeira vez desde o acidente. A direita, eu conseguia saber onde estavam o pé, o joelho, o fêmur, tudo… mas a esquerda, não. Era só um amontoado de carne. *É, aconteceu alguma coisa muito grave com ela!*, pensei.

Nos corredores do hospital, as pessoas abriam espaço para a maca passar. Lembro bem da troca de olhares que tive com um senhor de cabelos grisalhos, provavelmente esperando para ser atendido. Ele me fitou com tanta misericórdia, que naquele momento entendi o significado de compaixão. Senti um ímpeto de dizer-lhe que eu estava bem, sentindo uma paz indescritível, e que ele podia tranquilizar o coração.

Fui levada até uma sala, onde alguém me perguntou o telefone da minha família e informei o número da casa do meu irmão, Neto Hadad. Meus pais não estavam na cidade. Depois, não falei mais nada.

Fui arrancada do estado de paz em que me encontrava quando meu corpo começou a se debater em contrações involuntárias. Partes dele, ora os braços ora o abdômen, se contorciam sem nenhum controle. Precisaram me segurar e prender na maca para que eu não caísse.

É estranho, mas lembrei dos domingos lá em casa, em Santa Inês, quando eram preparadas as galinhas do almoço. Cortavam-lhes o pescoço e elas passavam a se debater até a morte. *Estou assim, me debatendo como as galinhas*, pensei.

Meus irmãos, Neto e Miguel, chegaram. Foi tranquilizador tê-los perto. Neto se debruçou sobre meu abdômen para não me deixar cair e foi comigo até a entrada do centro cirúrgico. Já no centro, o médico se aproximou de mim, tirou uma pulseirinha de miçangas do meu braço, pendurou pertinho de mim e disse: "vou guardar e depois eu te entrego". Assim, eu finalmente dormi.

Com a chegada da minha mãe na UTI, depois do primeiro momento, eu soube que Jorge, meu outro irmão, estava enviando uma UTI móvel para me levar até São Paulo. Sei que ele não mediu nenhum tipo de esforço, em nenhum aspecto, para que eu pudesse ficar bem. Ele sempre foi assim. Eu não sabia ainda, mas estava na iminência de amputar também a perna direita e, para evitar isso, precisaria de um hospital com recursos melhores. Tive conhecimento apenas quando tudo já estava bem.

Não sei ao certo que horas a ambulância me levou até o aeroporto. Mas, na minha saída do hospital, até ser colocada na ambulância, fui surpreendida com tantos amigos queridos que estavam lá para dizer que sentiam muito, que me amavam e que torciam pela minha recuperação e volta para a Ilha do Amor[1].

---

1 Referência à música *Ilha Magnética*, do cantor e compositor maranhense César Nascimento. Reflete o apelido de **Ilha do Amor**, que São Luís conquistou ao longo dos seus 401 anos.

Era véspera do Dia dos Pais, um sábado. Vi papai e, como sempre, achei que lhe dava muito trabalho e que fazia coisas que ele não gostava muito, até mesmo quis pedir desculpas pelo "presente" que estava lhe dando.

Chegamos ao aeroporto e partimos para São Paulo. Comigo estavam minha mãe e meu irmão Miguel. Durante o voo, comecei a sentir muitas dores. Em São Paulo, fui internada no Hospital das Clínicas, e esse foi o início de uma nova jornada, absolutamente desconhecida, cheia de medo e insegurança, mas sem outra opção a não ser me entregar e enfrentar as cirurgias, os fixadores, acompanhar a calcificação dos ossos da minha perna direita e conviver com a dor fantasma.

ERA UMA VEZ...

No início, eu tinha a sensação de que a perna amputada estava envolta em uma corrente elétrica. Até imaginava seus raios azuis fazendo o contorno do membro. Sentia o movimento do pé, o escorrer de um óleo bem quente, a pele levantar-se... Acreditei que estava ficando maluca. Eu sabia que a perna não existia mais; então, como poderia ter tantas sensações e dores?

Acabei confessando tudo a um médico, que me disse ser algo absolutamente normal. Ele explicou que o cérebro continuava enviando estímulos, como se o membro existisse ali, porque ele não apaga a imagem do corpo assim, de repente. Mesmo sabendo que era algo comum, as dores eram intensas e duraram por muito tempo. Hoje, ainda as sinto, mas sem a frequência diária.

As sensações são assim. Não tocamos na dor, não a vemos, não a ouvimos. Ela não tem gosto, nem cheiro, mas é real. Ela está lá.

> Tinha um desejo enorme de voltar a andar
> e ter minha vida de volta.

Não sei exatamente como consegui me manter certa, calma, racionalizar, talvez por sobrevivência, mas tentei ser prática e me empenhar no que era necessário para minha recuperação física. Afinal, por que haveria de sofrer tanto se havia perdido "só uma perna"? Segui tudo o que me era proposto sem questionar, disciplinadamente, confiante que assim voltaria a andar. Foram 33 dias de internação e nove meses de fisioterapia, cirurgias, colocação e retirada de fixadores até que eu pudesse caminhar novamente.

Hoje, entendo que esse foi um processo inconsciente de negar a amputação, pois eu não tinha condições, forças ou estrutura para lidar com os aspectos físico e emocional da minha vida de uma única vez. Busquei recuperar o físico, não percebi que poderia tratar o emocional paralelamente. Pensar que *foi só uma perna, você só precisa voltar a andar* foi a defesa que encontrei, a motivação que precisava para me recuperar e conseguir, de alguma forma, reaprender a dar cada passo, a sentar, a entrar e sair de um carro, a subir e descer escadas, a andar na rua, a tomar banho… tudo do zero!

Aprendi tudo, só não aprendi a me amar na condição em que me encontrava. Não ousei ou me atrevi a reaprender e voltar para as coisas que amava, como o teatro, a dança e os amigos. Era preconceituosa, pensava: *como posso sequer pensar em dançar novamente?*

===== VOU DESABAFAR! =====

Foi assim que me vesti para a vida. Não admitia chorar minha perda, mesmo quando estava sozinha. Considerava isso um sinal de fraqueza ou de falta de gratidão.

Era como se tivesse dividido minha mente em caixas: a da recuperação física, a do medo das cirurgias, a da paciência da fisioterapia, a das noites acompanhada da dor fantasma etc. Mas coloquei a caixa da minha recuperação emocional em uma estante escondida, de difícil acesso. Não entendia que tão urgente quanto voltar a andar era organizar meus sentimentos, porque eles norteariam os passos da minha nova jornada, tornando-se uma parte tão ou até mais importante dela quanto os demais aspectos.

Quando retornei à minha vida anterior, na minha cidade natal, com universidade, amigos e trabalho, percebi que a antiga Leila não existia mais. Aliás, quando ainda estava internada, já havia sinais de que aquela menina não existia mais. Ficou claro quando recebi de volta a pulseira de miçangas. Não consegui ficar com ela e a joguei pela janela. Uma simples pulseira me incomodou muito, ela me confrontou. Mas, de alguma forma, eu nutria a expectativa de reencontrar a Leila, e a realidade me frustrava, pois eu não me reconhecia mais. Tampouco sabia como lidar com a nova Leila e enxergar nela coisas boas. Apenas pensava em como eu era ingrata ou que, secretamente, havia recebido o que merecia. Assim, achei melhor largar tudo e enveredar por outros caminhos...

> Sentia insegurança e raiva de mim mesma e, por mais que tentasse, não havia como me afastar de mim.

A minha presença não era saudável para mim. Eu era crítica demais, dura demais, sempre enxergando meus próprios defeitos, embora flexível e compreensiva com os outros. Apesar disso, não conseguia dar um tempo de mim mesma. Era uma convivência diária, de 24 horas, sete dias por semana, sem folgas. Olhava para mim e não me encontrava mais, via uma desconhecida muito triste e sem esperança.

É tão bom quando podemos nos preparar com antecedência para enfrentar algum desafio, seja uma prova, uma apresentação ou um trabalho, por exemplo. É reconfortante elaborar um roteiro e ter alternativas sobre várias possibilidades. Por mais que as coisas não saiam exatamente como planejado, não existe aquela sensação de estar perdido, sem saber o que fazer. No meu caso, senti o contrário. Nunca imaginei sofrer um acidente, muito menos perder uma perna.

> Não tinha repertório para esse enfrentamento. Ele foi elaborado *in loco*, nas condições que encontrei dentro de mim para responder aos acontecimentos e tentar sobreviver a eles.

Num primeiro momento, enxergava muito aquilo que se perdeu, o que foi tirado de forma tão abrupta. Mas, com o passar do tempo, pude encontrar coisas preciosas que nem sabia que possuía. Foi como organizar um armário muito desorganizado: à medida que é feita a faxina, encontram-se tanto coisas úteis como inúteis e, ao jogar fora o que não tinha mais serventia, abri novos espaços e encontrei coisas valiosas.

Acredito que assim é a vida. Depois da tempestade, sempre vem a bonança e é preciso faxinar, não se acomodar. Viver no caos não é saudável, outras tempestades podem ser provocadas por isso. Relato uma experiência própria e pessoal: precisei de um tempo para enxergar os ganhos, além das perdas. E, sim, há ganhos, que recebi ou desenvolvi no decorrer do processo de recuperação.

Nada neste livro deve ser compreendido como uma regra, uma recomendação profissional ou um passo a passo. Caro leitor, este é apenas o olhar despido de minha própria vida. Acredito que cada um de nós carrega um instinto de sobrevivência, um desejo de viver em paz, e cada molécula do nosso corpo pode empregar força para sair do escombro, do caos e iniciar uma nova jornada. Mesmo quando o inesperado está ali, na próxima esquina, esperando por nós. Afinal, esse é um estado natural do ser humano: a constante adaptação.

VOCÊS SÃO PARTE DE MIM!

É como se fosse um filme qualquer, em algum momento voltam as lembranças... e muitas coisas me marcaram bastante...

A começar pela notícia. Até hoje durmo com o telefone no silencioso... vira um trauma mesmo. Naquela noite, peguei carona com Manoel, morador da Turquesa, e por pouco não ocorreu outro acidente.

Ao chegar no hospital, me deparei com Neto em desespero, porque havia autorizado a amputação da perna (ou ele autorizava ou se responsabilizava pela sua morte). Pouco tempo depois, um membro em um saco preto passa por nós no corredor. Foi uma dor imensa que senti.

Já no Hospital Português, estava com mamãe e uma multidão de amigos esperando por notícias, quando uma enfermeira se dirigiu a nós e pediu para que eu entrasse sozinho no quarto. A primeira coisa que você disse foi "meus parabéns atrasado!". Você não esqueceu meu aniversário, dia 9 de agosto.

Falei de mamãe e das pessoas que te aguardavam e você disse: "pede para a mamãe entrar, mas não chorar".

Depois, ainda correndo risco de amputação da outra perna, teve a sua transferência. Jorge, na ocasião, conseguiu UTI no ar e vaga na melhor referência em São Paulo. Despedida marcada pela multidão desde o hospital até o aeroporto. Seguimos com você, eu e mamãe. Chegando em São Paulo, a noite estava fria, aí vi a importância da ambulância e dos bons condutores. A equipe esperando e eu e mamãe na recepção aguardando. Seus gritos ecoavam longe e, sem entender, fomos para um lugar mais distante para não ouvir. Mais tarde compreendemos que, em São Luís, na viagem e na chegada, você sentia muitas dores ao se mexer. O procedimento que estavam fazendo era, grosso modo, o encaixe da perna quebrada sem anestesia, pois a dor era mínima assim que o osso voltasse para o local correto, o que de fato aconteceu.

Muitas coisas marcaram profundamente a minha vida nesse episódio, como seu desabafo ao me confidenciar que achava que estava ficando doida porque estava sentindo a sua perna (amputada) coçar e seu relato da pessoa que ficou dentro do carro com você, a mesma que seguiu com você no carro do bombeiro. Depois fizemos várias e várias ações e buscas por essa pessoa, mas ninguém viu ele, a não ser você.

    Também a revolta de mamãe querendo encontrar um culpado pelo acontecido e sua luta para se reerguer... na época, a incompreensão de papai, que brigava para você não ter tudo na mão. Depois, explicou: "nós não estaremos ao lado dela a vida toda, ela tem que reaprender a viver". Só um homem sábio poderia pensar na situação dessa forma...

Miguel Hadad, irmão, pai de Rafaela, Carolina
e Miguel Filho, pedagogo, diretor do Centro
Educacional Eurípedes Barsanulfo – CEEB.

Viver da profissão de jornalista nunca foi fácil. Muito cansado, numa sexta-feira, decidi que o meu final de semana seria de descanso. Peguei o telefone e liguei para um dos irmãos, e para a casa dos nossos pais, em Santa Inês, para dizer que não se preocupassem caso não me encontrassem nos próximos dias. O telefone estaria desligado; e eu, descansando.

    Por obra do destino, peguei no sono e esqueci de desligar o cabo do telefone. Acordei horas depois com o aparelho tocando ao meu lado. Na outra ponta da linha, alguém no Hospital Socorrão me dizia: "A tua irmã sofreu um acidente. Vem logo. É muito grave".

    Peguei o carro e enfiei o pé no acelerador. Naquela hora de aflição, logo na entrada, um gesto de solidariedade que me comoveu. Mal cheguei ao hospital, Aziz Abud, então vice-prefeito de São Luís, me puxou para o lado, me chamou a atenção sobre a gravidade do caso e se colocou à disposição caso precisássemos de ajuda.

Fui levado até Leila pelo médico Cleomar Pinheiro, então representante de uma entidade médica em São Luís, o que o fazia muito popular entre os jornalistas. Subimos um vão de escadas e acessamos a enfermaria onde ela estava numa maca, já quase desacordada. Sabendo da urgência, me disse: "O caso é grave. Ela está praticamente sem pressão. Se demorarmos, ela não vai resistir. Só estamos esperando autorização da família para amputar as pernas dela".

Muito assustado, a cabeça deu uma volta procurando alternativas que evitassem a amputação das pernas de Leila. Indaguei sobre recursos em outro hospital. Cleomar apontou para outros pacientes envolvidos no mesmo acidente que estavam sendo transferidos de outros hospitais para o Socorrão. Encerrou a argumentação me levando para junto da maca e suspendendo o lençol sobre o corpo de Leila, para que eu mesmo visse a situação. Foi assustador. Já não existiam pernas que pudessem ser reconhecidas como tal. Era só uma massa disforme e aparentemente sem vida.

A amputação foi autorizada e Leila foi levada para a sala de cirurgia. Já próximo de amanhecer, um médico chegou com a notícia de que a paciente não corria mais risco imediato de morte e que só uma perna havia sido amputada. A outra, com seis fraturas, tinha que ser examinada melhor num centro mais avançado.

De posse de uma informação concreta, comuniquei o ocorrido aos familiares. Miguel, o irmão que estava mais próximo, chegou cedo e ajudou a transferir Leila para o Hospital Português nas primeiras horas da manhã. Não demorou e o hospital foi tomado por dezenas de pessoas. Leila era ativa e carismática. Tinha muitos amigos. Pouco depois chegaram nossos pais, que tiveram que percorrer 240 km entre Santa Inês e São Luís. Ficaram próximos da Leila até o dia seguinte, quando ela foi transferida para o Hospital das Clínicas, em São Paulo, onde ficou por quase nove meses em tratamento.

Saiu do Hospital das Clínicas mais inteira do que nunca. Altiva, resignada e de cabeça erguida, entendeu que o acidente havia desviado o caminho pelo qual estava conduzindo a sua vida, mas que era preciso continuar caminhando com a mesma força e determinação, agora em outra direção. Assim foi feito.

A perna amputada nunca foi obstáculo para nada. Estudou, trabalhou, constituiu família e hoje vive plenamente, entendendo que esse é o caminho certo. A porta estreita que Deus pode estar lhe indicando.

Wady Hadad Neto, irmão, pai de Rafiza, Raissa, Amina, Pedro e Lázaro Neto, jornalista.

Estávamos viajando no interior do Maranhão, Santa Luzia, quando na madrugada recebemos a ligação sobre o acidente. Impossível relatar tudo o que aconteceu a partir daí. Chegando em São Luís, a Leila estava no hospital e dentro de algumas horas sairia para o aeroporto rumo a São Paulo. Vem à mente a lembrança do hospital literalmente lotado de amigos e conhecidos nos corredores.

Foram tantas coisas, tantas perguntas de como seria... tantas dúvidas naquele momento, principalmente sobre o que aconteceria com a perna que havia ficado.

A possibilidade de não recuperar a segunda perna era terrível e, de certa forma, criou um "escape" sobre toda a perda que já *havia acontecido, porque era muito importante que a segunda perna permanecesse.*

Havia a sensação de impotência real, e, por um tempo, por mais que pareça louco, desejei que acontecesse comigo o mesmo, porque sabia que só poderia ajudar de verdade se sentisse exatamente o que ela estava sentindo, qualquer outra coisa seria muito superficial.

Por incrível que pareça, a superação, imagino que para todos que estavam em volta, veio dela mesma. A expectativa de como seria no retorno, o que mudaria, se ela faria as mesmas coisas, eram perguntas recorrentes, e foi só na proporção que ela foi encarando com naturalidade as situações que o peso foi diminuindo.

Morávamos em uma ilha e íamos com frequência à praia. Não sabia se ela se sentiria bem em continuar indo à praia como antes. Quando retornou, porém, uma das primeiras coisas que quis saber foi onde estava o biquíni preto de cortininha. Doida para ir à praia, ela ficou de cara porque tinha sumido.

A superação de tudo isso foi, e é, algo tão grande e tão violento que traduz uma capacidade absurda de ir além, mas que constantemente temos dificuldade de acreditar no que somos capazes.

Salma Hadad de Souza, irmã, mãe de Victor e Bruna e grande amiga.

CAPÍTULO 2

ADAPTAR E ANDAR, TUDO COMEÇA COM A

Por vezes, adaptar-se é seguir em frente.

---

*"Alarga o espaço da tua tenda
[acredite, você pode ir além];
estende o toldo de tua habitação
[do teu entendimento, renova
mente], e não os impeças."*

(Isaías 54:2)

Todo dia é dia de decisões. Algumas parecem tão simples e automáticas que nem se percebe que foram feitas. Outras podem gerar ansiedade, insegurança e medo, pois podem ter tanto significado naquele momento, que não se sabe se a pessoa deseja escolher.

Ainda existem situações que acontecem de repente, com uma repercussão grande na vida, em que a opção feita vai certamente impactar todo o nosso futuro. Entretanto, sempre há duas opções, dois caminhos a seguir. Resta a mim escolher, de acordo com o que desejo da vida, o caminho a ser trilhado.

Eu estava diante de duas opções, e não eram exatamente uma boa e outra ruim. A questão é que ambas as opções não me agradavam. Eu tinha plena convicção do meu desejo de viver e escolhi reaprender a andar, mesmo que esse caminho me exigisse uma força física e emocional que eu nem sabia possuir. Foi uma escolha que todo dia me fazia questionar o porquê de estar passando por tal situação... *como tudo pode ter mudado tanto em tão pouco tempo?* Era uma situação que me irritava bastante. Eu poderia estar em outro lugar, naquele momento, fazendo qualquer outra coisa. Há poucos dias eu andava, corria, dançava...

E me entristecia saber que agora precisava recomeçar — bem do comecinho mesmo.

Mas eu tinha outra opção: me recuperar dos ferimentos, não fazer fisioterapia e viver toda minha vida com bastante dificuldade de locomoção. Sei que não podia delegar essa escolha à minha família, por exemplo; essa era uma responsabilidade minha e meu coração ardia pelo desejo de viver, andar e ser independente novamente.

> Escolhi enfrentar aquilo que, mesmo parecendo chato e irritante, me faria caminhar novamente. Um dia por vez, durante nove meses, de segunda a segunda. Esse era o caminho que me faria chegar ao destino que eu desejava.

Quantas vezes perdemos tempo porque o trajeto a ser feito não é bom ou confortável, pois ele mexe com limites, sendo, na maioria das vezes, com a necessidade de expandir e nos enxergar de outra forma, confrontando com a vidinha com a qual estávamos acostumados?

Estamos habituados a ir vivendo no "morninho"... E a vida vai passando, esperando alguém olhar para nós e dizer: "deixa, vou fazer esse percurso por você!", aguardando que tudo melhore de repente. Não vai funcionar assim, e não é porque o outro não te ama ou não se compadece de você, mas sim porque essa é uma história sua, uma responsabilidade que não pode ser delegada, quando se tem, por exemplo, capacidade de fazer esta leitura.

Por isso, desde o meu primeiro dia de internação no Hospital das Clínicas, em São Paulo, escolhi fazer a fisioterapia. Falo que escolhi, mas, na verdade, não cogitei ter outra opção. Naquele momento, precisava entender as consequências de cada uma das minhas resoluções. Assim, decidi continuar o processo nada prazeroso, mas que a médio e longo prazo me colocaria numa situação de maior independência, com maior mobilidade.

Nem sempre a vida nos oferece opções fáceis no dia a dia. Muitas vezes, na verdade, nos vemos na posição de escolher a situação ruim ou a menos ruim com que vamos conviver. Qual era a melhor decisão para mim? O ruim de não andar ou o ruim do processo demorado da fisioterapia?

Nesse momento, fiz minha escolha. O tratamento incluía o uso de uma tração para alongar o fêmur. Precisava ficar sempre deitada, com a perna suspensa e puxada por um peso.

Maria Luiza, a fisioterapeuta, vinha todos os dias e, como eu passava o tempo todo deitada, ela me virava de um lado a outro na cama e fazia massagem para ativar a circulação da região das costas. Evitava, assim, o surgimento de escaras, aquelas lesões na pele causadas por pressão prologada em uma região e que podem fazer o tecido afetado morrer.

Na perna direita, trabalhava a contração muscular. Eu fazia tudo como orientado, mas me perguntava se isso ia dar em alguma coisa futuramente. No início, achava sem propósito ficar contraindo e soltando o músculo, e isso me exigia uma paciência muito grande, que eu nem sabia que possuía. Foram incontáveis dias somente contraindo a musculatura da coxa, depois, quando retirada a tração, foi outra eternidade fazendo o esforço de dobrar o joelho ou levantar e baixar uns pesinhos com as mãos.

> Eu tinha pressa. Aliás, me entristecia, mas aquela era a opção que eu tinha feito e precisava cumprir esse percurso. Foi somente na fase seguinte, de confecção da prótese, que percebi o quanto as etapas anteriores tinham sido importantes.

Já a fisioterapia feita no coto — na perna amputada — era basicamente o enfaixamento do membro. O coto ficava cerca de duas horas enrolado com faixas elásticas, uns quinze minutos sem faixa e, na sequência, voltava a ser enfaixado. Era assim durante todo o dia.

Particularmente, preferia ter o coto enrolado, mesmo não sendo muito confortável, já que a pressão da faixa causava dor. Mas a sensação de deixar solto era muito pior. Até hoje, sempre que estou sem a prótese, deixo envolto em um lenço, roupa, alguma coisa... O enfaixamento do coto é obrigatório após a amputação, porque a circulação da região fica comprometida e pode ocorrer o acúmulo de líquido na extremidade do membro, já que ele não consegue retornar a outras partes do corpo. Assim, o enfaixamento serve para evitar esses problemas e não permitir que o coto fique dilatado ou tenha alguma infecção.

ERA UMA VEZ...

Nessa época, eu estava permanentemente com as faixas e, sem dúvida alguma, isso colaborou durante a confecção do molde da futura prótese. Depois de tantos anos, não uso mais faixas ao colocar a prótese — acredito que o coto se adaptou e, se eu não tiver tantas alterações de peso, ele continua igual, sem problemas de encaixe. Às vezes, não é possível entender bem o propósito de cada etapa da recuperação, como uma criança por vezes não entende o sentido das orientações do adulto, mas cada uma delas vai te levar para o resultado esperado.

Eu ainda não me sentava e, portanto, não tinha visualizado o coto em si — não sabia como havia sido feito o "acabamento", digamos assim. Sabia apenas que doía muito e imaginava que estivesse aberto, como aqueles machucados que vão criando uma "casca", sinalizando que estão em processo de cicatrização.

Certo dia, durante o curativo, comentei o fato com Margareth, uma enfermeira, que explicou que não era assim. Para minha surpresa, ela trouxe um espelho de rosto, em outro dia, quando veio fazer o curativo. Era daqueles redondos e pequenos, que cabem na bolsa. Foi com ele que Margareth fez questão de mostrar como estava meu coto.

Foi bom ver que ele não estava aberto, que não tinha carne, músculos ou ossos expostos. Pude ver o coto costurado, o dreno, os pontos, a cicatriz. Era uma área muito sensível a qualquer toque, por isso sentia tanta dor em sua extremidade residual, a ponto de imaginá-lo aberto. Depois disso, passei a ter coragem de passar a mão sobre ele, para ajudar a dessensibilizá-lo.

Os curativos eram diários. Duas enfermeiras vinham em dias alternados, passando em cada quarto do corredor onde eu estava. Sentia um enorme alívio quando era o dia da Margareth, porque ela, além de simpática, fazia de tudo para minimizar a dor. Já a outra dizia que podia usar somente uma embalagem de soro por paciente, isso era pouco para mim na primeira semana, pois ainda havia lascas do carro grudadas na pele e nos machucados da minha perna.

Esses resíduos eram retirados com uma pinça e, se o local fosse molhado com soro, no momento da retirada, a dor era muito menor. Margareth passava no meu quarto por volta das oito horas da manhã, porém, costumava vir molhar minha perna com soro antes de entrar em cada um dos outros quartos. Assim, quando chegava minha vez, eu ficava mais tranquila, sabendo que quase não sentiria dor. Não sei como ela fazia, mas usava muito mais de um soro na minha perna. Com a outra enfermeira, eu entrava em sofrimento antes mesmo que ela chegasse no quarto.

A primeira prótese veio imediatamente após a alta da internação. Foi confeccionada na oficina do próprio hospital e, logo nas primeiras vezes que voltei a ficar em pé, percebi que conseguiria andar, sim. Os movimentos da fisioterapia haviam dado frutos e eu tinha força muscular novamente. Por fim conseguia compreender o que havia sido feito por mim até ali. Pude enxergar e agradecer por todas as oportunidades que tive e pela rapidez da minha recuperação, mas, ainda assim, algo dentro de mim continuava me acusando, me fazendo sentir culpada pelo acidente e achar que eu merecia passar por tudo isso.

Eu não sei exatamente quando começou, talvez naqueles primeiros momentos, quando dizia a mim mesma: "foi só uma perna que perdi". O fato é que, mesmo enquanto tinha dores fantasma, passava por outras cirurgias, moldava a prótese, fazia fisioterapia, eu me distanciava da situação em que me encontrava. Meu corpo estava presente, mas na minha mente existia uma dualidade entre o real e um amontoado de pensamentos. Eu desejava que tudo fosse um sonho ruim do qual, a qualquer momento, eu fosse acordar na minha cama — mas esse momento não chegava. Era um confronto constante. Eu me pegava pensando: *o que estou fazendo aqui?*, mas o motivo estava diante dos meus olhos. Assim, queria me recuperar logo, como se, de alguma forma, tudo fosse passar e eu pudesse voltar para minha verdadeira vida.

Fiz fisioterapia durante nove meses depois da alta, todos os dias, sem exceção. Aos sábados e domingos, fazia os exercícios conforme as instruções que recebia da fisio, sempre com ajuda de minha mãe, minha irmã Zilda, meu irmão Jorge e minha cunhada Silvia.

De segunda a sexta, fazia no próprio Hospital das Clínicas, numa sala enorme, cheia de aparelhos, muitos fisioterapeutas e ainda mais pacientes. Era nítido que, quando um paciente era do sexo masculino, quase que 100% deles estavam acompanhados da esposa, mãe, filhas, companheira ou namorada. Já com as mulheres era diferente. Era incomum ver o companheiro, marido ou mesmo namorado como acompanhantes. Elas, geralmente, tinham a companhia de mães, irmãs, tias ou filhos. E esse, sem nenhuma dúvida, é um momento importante para reafirmar o amor, a consciência de que a mulher continua sendo mulher, não se torna um ser assexuado porque amputou um membro.

> Não se trata de depender do outro para se reafirmar como pessoa, como mulher, mas do fato de que a amputação desconfigura o corpo. Falta uma parte, e não é simples aprender a se relacionar com o mundo num corpo diferente.

Não é impossível, mas é um processo dolorido, cheio de altos e baixos. Infelizmente, ainda existe um padrão de mulher perfeita, da mulher ideal, linda, magra, completa... Mas, hoje, há movimentos contrários na cultura que "facilitam" o processo de ser quem você é, da forma que deseja ou de como o inesperado te deixou. De fato, a amputação nos deixa com um corpo incompleto, o que abala nossa autoimagem. E o apoio nesse momento é muito importante.

Quando minha primeira prótese foi confeccionada, ela era literalmente uma perna de pau, esculpida numa madeira macia. Comecei a usá-la mesmo na cadeira de rodas. Preferia me ver assim, sem aquele espaço vazio.

Depois de alguns meses me adaptando a essa prótese, soube de um show intitulado *Alerta 1*, organizado por amigos de São Luís para arrecadar fundos que se destinariam à aquisição de uma nova prótese para mim e às despesas hospitalares de Silvia — amiga que estava sentada ao meu lado no carro no momento do acidente e que ainda estava internada, em processo de recuperação. O nome "alerta" foi para chamar a atenção das autoridades responsáveis pela manutenção das vias da cidade. O local onde o acidente ocorreu estava com uma tampa de bueiro aberta e outras colisões já haviam acontecidos antes, sem vítimas fatais.

O show contou com os melhores artistas locais, como Zeca Baleiro, Mano Borges, Claudio Pinheiro, Celso Reis,

Antônio Vieira, Josias Sobrinho, Rosa Reis, Fátima Passarinho, Roberto Brandão, Roberto Ricci, entre outros.

Fiquei emocionada com a iniciativa. Assim como essa prótese de madeira, sabia que esse era um momento transitório e que logo partiria para o mundo real. Era impossível parar a expectativa que havia no meu coração. Eu fazia, literalmente, tudo que era necessário para ter uma boa recuperação. Fazia de corpo presente, porque na minha mente, em algum momento — que esperava ser breve —, eu voltaria para minha vida, minha cidade, meus amigos.

Mas, com o passar do tempo, percebi que nunca mais seria a mesma Leila de antes e passei a apagar todo e qualquer vestígio ou lembrança do passado. Isso incluiu me ausentar de São Luís por uma década e abandonar amigos muito queridos, porque eles traziam à memória a Leila que eu acreditava ter se perdido, seja por preconceito, culpa ou mesmo raiva que alimentei de mim mesma por ter ido de encontro a uma tempestade.

══ VOU DESABAFAR! ══

A condicionante "se" preenchia minha mente por todo tempo que estivesse acordada: "E se não tivesse saído?"; "E se não tivesse acontecido?"; "E se estivesse com tal pessoa?". E se? E se? E se? Era cansativo e frustrante, porque, quando despertava dos devaneios, me deparava com fatos que não queria enfrentar, mesmo que precisasse. Parece estranho falar assim. Para recuperar movimentos, me submeter a cirurgias, fisioterapias, estava presente e empenhada, mas, dentro de mim, o movimento de aceitar essa minha nova versão seguia em sentido contrário.

Isso não foi proposital, acredito que tenha sido um processo inconsciente de defesa. Por não possuir estrutura para encarar o trauma de frente, fui tomando outros rumos, fazendo escolhas que me afastavam da vida que eu tinha até então, como se pudesse deixar minha história para trás.

Eu conseguia identificar essa dualidade, bem como o desconforto que me causava, mas não sabia pôr os sentimentos em ordem, e achava fraqueza pedir ajuda. Assim, entrei em um processo depressivo. Não era frescura, eu precisava olhar com compaixão para mim mesma. Somente quando passei a me enxergar com respeito, encontrei o caminho de cura da mente, de alinhamento e de equilíbrio.

> Foi importante para mim respeitar as decisões, mesmo as mais infelizes, tomadas no passado, entendendo que foram as melhores escolhas que a pessoa que habitava em mim poderia tomar naquele momento. Porém, compreendendo esse processo, entendo que hoje escolhas melhores podem ser feitas.

Recebia inúmeras cartas, cartões e bilhetinhos dos amigos que ficaram em São Luís e que torciam pela minha recuperação e retorno. Eram lindas, sinceras, mas falavam de uma pessoa que tinha sido levada na correnteza e que achava não ser capaz de regressar.

Como eu não tinha essa consciência, "quis" perder cada uma delas, como se, dessa forma, pudesse apagar a lembrança ou a dor. Eu não sabia, mas comecei a construir um muro bem alto entre a minha vida antes e depois do acidente. A maioria dos amigos foi embora de verdade, decepcionados, porque amizade também é troca, investimento, e não encontraram retorno da minha parte.

Na verdade, nem mesmo me encontraram mais e, por outro lado, eu não sabia expor em palavras ou atitudes o que acontecia comigo. Daí foram embora Anas, Marias, Félixs, Marcos, Lúcias, Zés, Nildes, Veras, Edus, Bels, Aldos, Jaimes, Socorros, Cidas, Ritas, Ges, Gilsons e tantos outros...

Passei a andar por caminhos diferentes, o que agregou experiências incríveis na minha vida, mas excluiu as histórias que eu já havia escrito para mim até então.

Para reunir as duas Leilas, a do presente e a do passado, precisaria fazer "fisioterapia" na alma. Chorar minha dor e perda e, aí sim, aprender a viver com a amputação sem perder minha essência.

Dois anos após o acidente, todas as cirurgias feitas, andando plenamente, ainda tentei voltar para São Luís, concluir a universidade e viver a vida. Tive a recepção mais calorosa que poderia existir, muitos amigos foram me receber, levaram flores, fizeram festas. No mesmo voo em que eu estava, tinha também um time de futebol, não lembro exatamente qual, e, quando a porta da aeronave abriu, dava para ouvir o barulho de festa. Os jogadores se empolgaram, porque não esperavam essa recepção. Quiseram logo descer, e os demais passageiros, inclusive eu, fomos logo atrás. Porém, foram surpreendidos no saguão do aeroporto, e talvez tenham ficado decepcionados ao perceber que não era para eles todo aquele aparato — e sim para mim.

No entanto, quando tudo voltava ao normal, comecei a comparar as coisas que eu fazia antes com minha nova vida, mas ela não era mais normal para mim, pelo menos da forma como passei a enxergá-la. O processo de fisioterapia, de fato, proporcionou autonomia e segurança para que eu pudesse realizar a maioria das coisas que geralmente fazemos no automático, sem nos dar conta de qual parte do corpo trabalha na execução do movimento... mas isso não foi o suficiente para me trazer de volta.

Adaptar e Andar, tudo começa com **A** — e eu tive que aprender do zero a fazer os dois. Precisei, sobretudo, seguir em frente e superar as dores reais e fantasmas.

VOCÊS SÃO PARTE DE MIM!

Leila! A mulher mais incrível que já conheci na minha vida! Mulher de fibra e sempre pronta para a guerra. Conheci Leila logo após o acidente, ficamos amigos e começamos a namorar. O que mais me encantava era a naturalidade com que ela tratava a sua nova vida. O sorriso e a vontade de viver os seus sonhos me inspirava.

A Leila toca no coração das pessoas apenas com seu olhar. A amiga que todos gostariam de ter. Ela sente a dor do próximo e se alegra com a alegria do próximo. Ela é doce, amável, amiga, parceira. Vivemos e lutamos juntos, e nunca faltou um ombro amigo, nem uma palavra de motivação. Nos alegramos e choramos muitas vezes juntos. Ela se preocupa com tudo e com todos.

Leila edifica, constrói, motiva e encanta. Difícil encontrar, nos dias de hoje, alguém tão preocupada com o próximo. A sua natureza é Amor, sendo esse amor espontâneo e natural! Sou grato a Deus por ter vivido e convivido com uma mulher tão especial! Obrigado, Leila!

Arthur Figueiredo, pai de Gabriel e Daniel, companheiro de longos anos, empresário da Integrar Negócios Ltda. e da Vinho Leve Ltda.

O que falar da minha mãe? Em primeiro lugar, é importante ressaltar que todo o ocorrido aconteceu antes mesmo de eu nascer. Então posso dizer que, para mim, o fato de a minha mãe não ter uma perna sempre foi algo normal... e isso me lembra uma história engraçada. Ainda quando morávamos em São Paulo, na minha primeira infância, lembro de ter ido na casa de um amigo da minha escola e, quando eu vi a mãe dele, perguntei: "Como assim sua mãe tem duas pernas?", com um tom de estranhamento (e até julgamento).

Esse acontecimento mostra o quanto era normal para mim. Óbvio que presenciei alguns episódios na minha infância e vida adulta de dor fantasma, falta de acessibilidade básica, entre outros percalços. Mas posso dizer com toda a certeza que, em todos os meus anos de vida, NUNCA vi minha mãe reclamar pelo ocorrido, ou tomar o papel de vítima, lamentando ou culpando alguém ou as circunstâncias. E deixo claro que, se ela fizesse, não teria problema algum, mas ela nunca o fez, o que para mim é a maior inspiração e exemplo de persistência. Sou muito grato por chamar de mãe o ser humano mais forte que conheço. Além de uma baita cozinheira (apoio um livro de receitas depois deste aqui).

Gabriel Hadad Figueiredo, filho, faixa preta
em Taekwondo, sócio da KIHAP Martial Arts.

CAPÍTULO 3

A LUTA ENTRE O APEGO E O DESAPEGO DO QUE JÁ FOI

Os gatilhos e a dor fantasma no corpo e na alma.

*"Não vos lembreis das coisas
passadas, nem considereis as antigas.*

*Eis que faço coisa nova,
que está saindo à luz;
porventura não a percebeis?*

*Eis que porei um caminho no deserto
e rios, no ermo."*

(Isaías 43:18-19)

Um dia, eu estava andando no shopping, no finalzinho do expediente de trabalho, quando de repente senti uma câimbra, daquelas que paralisam e contorcem o pé. Então, dei um jeito de me aproximar da parede, me segurei, respirei e fiquei esperando passar. Sabia que estava com o semblante de dor, porque algumas pessoas passavam e olhavam de forma estranha, outras perguntavam se eu precisava de ajuda. Agradecia, sorria, mas dizia que não, que era só uma câimbra — pois seria complicado explicar o que estava acontecendo realmente, e nem sempre eu queria falar sobre o assunto.

Precisei esperar pacientemente. Era impossível dar um passo sequer ou fazer qualquer movimento que aliviasse a dor, porque a sentia na perna que não existia mais. Era uma câimbra fantasma, numa perna fantasma.

Alguém poderia até questionar ou duvidar que fosse uma dor real, já que ela supostamente só existia na minha cabeça. Por outro lado, por que uma dor de estômago é real e inquestionável e a do cérebro, não é? A verdade é que as dores estão profundamente relacionadas ao órgão e vice-versa.

ERA UMA VEZ...

É difícil de entender ou aprender a conviver com a dor fantasma, porque ela vem assim, do nada, e deixa uma sensação de vulnerabilidade, impotência e angústia. Não é como uma dor de cabeça, que tiro um comprimido da bolsa, engulo e logo me sinto melhor. Não, a dor fantasma pode vir como uma câimbra e passar logo, ou se estender até a sensação de contorcer os ossos e durar um período longo, uma madrugada inteira, ou até todo o dia seguinte. Quando ela vem, traz consigo medo e insegurança, pois não é algo de que se tem controle consciente. Com o tempo, porém, percebi que, à medida que abro as caixinhas de coisas inacabadas e as resolvo, as dores fantasma vão desaparecendo.

Existem muitas coisas bacanas escritas por profissionais que ajudam a entender o que se passa nesse momento. A informação torna o fenômeno familiar e, conforme o conheço, desmitifico muitos medos. Ainda sei pouco, mas não li nenhum artigo ou livro conclusivo sobre o assunto.

Um dos textos que li explicou a causa da dor mais ou menos assim: como se a perda traumática de um membro não proporcionasse o tempo "necessário" para que o cérebro entendesse que o corpo possui agora outra configuração ou, digamos, outro desenho, que aquela parte do corpo não existe mais. Para o cérebro, o membro ainda está lá e, por isso, ele continua a enviar comandos, como para todo o corpo. Porém, como não há retorno do membro, surge a sensação real da dor. A maioria dos amputados traumáticos sofre com ela. São raras as exceções daqueles que não sentem ou nunca sentiram. Entretanto, o contrário também é verdadeiro: quando é possível dar tempo ao cérebro para compreender que haverá a perda de um membro, a probabilidade de o amputado sentir dor é menor.

Quando uma pessoa está com alguma doença grave, como câncer, por exemplo, e tem como tratamento a amputação de um membro, isso muda sua percepção da perda. Para ela, a cirurgia significa esperança, cura, expectativa de vida, motivação de seguir, vitória sobre a doença. Logo, há chances reais de essa pessoa não sentir a dor fantasma, porque a perda do membro tem consequências positivas.

Todavia, cabe ressaltar que isso não é uma verdade absoluta. Trago aqui dois exemplos exatamente contrários ao que acabei de citar no parágrafo anterior.

O primeiro é de uma amiga muito querida, Iracema Castro, dona de um dos sorrisos mais lindos que já vi. Nós nos conhecemos dois anos após a minha amputação. Ela havia sofrido um grave acidente de carro numa rodovia, no estado de Minas Gerais, a caminho do Rio de Janeiro, e amputou a perna direita. Fui visitá-la quando já estava em casa. Ela faz parte do grupo de exceção, o qual, após a amputação traumática do membro, praticamente nunca sentiu dores fantasmas, somente tem a sensação da perna em si.

Também quero citar o caso de uma mulher forte, que lutou bravamente contra um câncer ósseo, e a chamarei de Cristina. Conheci Cristina pessoalmente após a amputação que ela fez; fui encontrá-la para conversar sobre próteses e algumas experiências de minha vida como amputada. Fui com uma grande amiga, Michele Paiva. Quando saímos da casa de Cristina, tivemos as mesmas impressões: a presença de uma mulher forte. Não que ela negasse a dor, mas a dor não a impedia de continuar sendo ela mesma, mulher de personalidade, daquelas que você deseja ser quando crescer, determinada, segura e forte. Após as sessões de quimio e radioterapia, ela recebeu a indicação da amputação com a desarticulação do quadril. Foi para São Paulo acompanhada da irmã e fez a cirurgia. Numa noite, após o procedimento, recebi um telefonema de sua irmã querendo saber a respeito de minha experiência com a dor, se era assim mesmo, porque a Cristina estava em crise, com fortes dores no membro fantasma. Conversamos um pouco e lamentei muito não ter podido lhe trazer algum conforto. Depois de um tempo da amputação, ela fez outro exame, que identificou células cancerígenas.

Existe ainda a possibilidade de a dor no membro fantasma ser ocasionada por uma "memória" das dores sentidas no momento do trauma. Eu, por exemplo, quando tenho uma crise da dor fantasma, sinto, nitidamente, que a minha perna foi esfolada, que os ossos foram contorcidos e que um óleo bem quente foi derramado sobre ela. Não posso afirmar que isso ocorreu, mas as dores vêm acompanhadas de espasmos do coto e sinto a necessidade de deixá-lo preso em algo que o aqueça. Dentro do carro, presa nas ferragens, não sentia essa dor. Sentia, sim, grande desconforto, mas não a dor.

A revista *Superinteressante*, de 30/08/2019, publicou uma matéria intitulada *Por que às vezes não sentimos dor logo após sofrer um ferimento muito grave?* De maneira bem didática, o artigo explica um fenômeno chamado de "analgesia induzida por estresse", que é uma maneira de impedir que você preste atenção ao ferimento para fazer coisas mais importantes no momento — no caso, sobreviver, sair de uma situação que causa risco de morte etc.

Esse processo faz com que o corpo produza adrenalina, ativando a capacidade de concentração, além de analgésicos da família da morfina, que bloqueiam a dor intensa enquanto você busca segurança. É o próprio instinto de sobrevivência, que remonta às origens do ser humano. Numa situação de iminente perigo, como o de ser atacado por um animal feroz, era preciso focar, concentrar-se em fugir ou vencer a luta e só então pensar nos machucados. É o impulso provocado pelo medo ou perigo, nossa autodefesa. Somos criados para buscar viver muito e de forma abundante.

> A sensação da dor fantasma parece acontecer no espaço vazio, no local onde deveria estar o membro. Mas, na verdade, ela acontece na cabeça, na mente.
> Ainda assim, a dor fantasma não é considerada puramente uma dor psíquica, mas fisiológica também.

Passando os olhos por estas explicações simplificadas, a situação parece ser algo tranquilo de se lidar, mas não é bem assim. Comecei a sentir dor e sensação fantasma logo que acordei da cirurgia da amputação, porém o entendimento do que estava acontecendo, desse sofrimento maluco e até então inexplicável, veio somente algum tempo depois.

Na época, não tive esclarecimento de nenhum dos profissionais de saúde que me atenderam, como gostaria que houvesse acontecido. Alguém do corpo clínico deveria tratar desse assunto com o paciente, tranquilizá-lo de que o fenômeno não é maluquice ou imaginação, mas algo que pode, sim, ocorrer e para o qual há assistência. Com muita frequência, tenho a sensação da perna, como se existisse uma corrente elétrica que contornasse o desenho do membro. Penso em alguns episódios que aconteceram recentemente, durante uma reunião de trabalho: em certas ocasiões, comecei a sentir uma leve coceira ou o pé gelado, como se estivesse com frio, até que parei, olhei e constatei que era apenas o pé fantasma.

Nesses casos, não há dor. Faz bastante tempo que não sinto dores fantasmas, daquelas que me faziam virar a noite acordada. Nas últimas vezes que tive, fui socorrida nas primeiras horas da manhã por uma neurologista. Recebi uma medicação que "desliga" a sensação da dor no cérebro e, depois de algumas horas, estava absolutamente livre e leve para viver o dia a dia sem nenhum desconforto.

Ainda assim, quando a dor ocorre, mesmo depois de tanto tempo, eu me questiono por quê. Será que meu cérebro ainda não assimilou o novo desenho do meu corpo? Por outro lado, também penso que, provavelmente, houve um gatilho que abriu a caixinha de coisas mal resolvidas do meu inconsciente e desencadeou a dor física, que nada mais é do que a materialização da dor emocional.

Voltando à câimbra no corredor do shopping, hoje eu sei claramente por que ela veio. Sim, depois da amputação, passei a ter dificuldade de acreditar que continuava sendo uma mulher em todos os aspectos, amputada de perna, mas ainda assim mulher.

O propósito de ir ao shopping era comprar um conjunto de lingerie em uma loja específica. Não era uma loja de departamentos, mas um lugar onde eu seria atendida por uma vendedora e, necessariamente, precisaria expressar o que eu queria, qual era o meu objetivo. Não podia me esconder atrás de nada ou ninguém. Seria eu, a amputação e a dificuldade de acreditar na mulher que eu era, devido ao meu preconceito.

Foi esse o gatilho que manifestou o conflito materializado em dor, culminando na câimbra. Hoje, tenho clareza desse fato, mas não foi tão fácil assim naquele momento. Eu sabia que sentia vergonha de entrar na loja, mas somente a consciência do sentimento não era suficiente para que eu encontrasse a solução. É, sem dúvida, o início, mas não é tudo — e eu ainda não estava preparada para fazer as conexões. E mesmo que estivesse, é provável que, naquela época, não encontrasse o fio desse novelo em que estava emaranhada.

Eventualmente, a câimbra passou. Cheguei na loja, fui atendida e comprei não exatamente o que havia planejado, mas o que considerei adequado para minha condição de amputada (olha que tristeza!). No momento que vivia, na condição em que estava, foi o máximo que pude entregar a mim mesma: entrar na loja.

Tudo bem, eu sei que não executei meu plano inicial. Faltou coragem e sobrou, dentre outros sentimentos, preconceito, mas foi o melhor que pude fazer naquele momento. Precisava mergulhar em mim, meu coração ansiava por isso, mas ainda não sabia como fazê-lo. Então, era preciso ter paciência, resistir e vibrar com o único passo que consegui dar numa jornada de quilômetros.

A ação de entrar na loja, sem dúvida, foi importante e precisava ser fortalecida, mas eu queria mais. Queria a liberdade de ser eu mesma e a dor fantasma em forma de câimbra veio como resposta àquilo que precisava ser tratado e que eu havia jogado para longe, escondido debaixo de um tapete.

Mesmo que a dor fantasma esteja estritamente ligada à amputação de um membro, acredito que a maioria das pessoas tenha alguma dor que se materialize fisicamente, como dor de estômago, síndrome do intestino irritável, impotência sexual, qualquer que seja.

Não estou afirmando que essas doenças são de origem puramente emocional — nunca estudei o assunto, nem tenho formação para tal —, mas acredito que há a probabilidade de elas serem causadas pelos sentimentos, pelo menos em parte.

As doenças psicossomáticas, por exemplo, são fisiológicas, mas é quase certo que sua origem vem dos traumas armazenados no inconsciente, como uma situação mal resolvida deixada em segundo plano, eventos que não foram espremidos, tratados, mas, sim, guardados, abafados e, de repente, liberados fisicamente como doença no corpo. Assim, a qualquer momento, seja por uma palavra dita, o gesto de alguém, uma música, uma ida a uma loja de lingeries, a ferida inflama e dói. Decidir iniciar o processo e enfrentar o que está oculto é difícil e pode não ser o melhor para algumas pessoas. Por isso, elas retornam com suas questões para a gavetinha do "outro dia eu vejo isso".

VOU DESABAFAR!

Penso que não há uma única pessoa que não tenha sofrido algum trauma na vida, isso faz parte da nossa jornada. Nossos pais erraram em algum momento, nós erramos em outros, seja como filhos ou, mais tarde, como pais. Mas essa é a jornada da humanidade, e assim construímos nossas vidas. Por isso, é bastante libertador falar sobre isso, se despir, até porque sei que provavelmente não sou a única a enfrentar a amputação no corpo ou na mente — ou a fazer este mergulho. E isso é muito bom, pois, quanto mais pessoas olharem para dentro de si e se respeitarem, mais expressões de respeito e cordialidade estarão à solta pelo mundo.

Espero que eu possa colaborar para que outras pessoas mergulhem em suas próprias vidas e vivam o melhor que puderem, na certeza de que não são as únicas a estabelecer o limite de onde querem chegar.

> O maior e melhor mergulho que alguém pode fazer na vida é se jogar para dentro de si mesmo.

Na maioria das vezes, o primeiro mergulho pode não ser algo bonito ou agradável como as redes sociais normalmente mostram. Mas, se for submergir, se entregue por inteiro, disposto a colocar a casa na maior ordem possível. Busque ajuda de alguém de confiança e coloque cada situação, pessoa, culpa, emoção, tudo no devido lugar.

Muito me agrada hoje entender por que eu faço o que faço, o que está por trás das palavras e das ações que tomo. Entender que a ação materializada é produto de algo que tenho guardado dentro de mim e que quero muito produzir frutos proveitosos — não doces, porque nem sempre o são, mas necessários para me tornar uma pessoa melhor para mim mesma e, com certeza, também para o meu próximo. É uma responsabilidade pessoal que não posso delegar a ninguém mais:

cada um deve tomar as rédeas da sua própria vida, na certeza de que podemos mudar, recomeçar ou construir uma nova versão de nós mesmos.

Por isso, acredito que seja necessário se despedir para conseguir seguir em frente:

Confesso que foi um choque saber que possivelmente te colocaram num saco preto para ser incinerada ou coisa qualquer, tanto que prefiro nem mesmo escrever. Já faz tanto tempo, mas saber disso ainda me embrulha o estômago, porque sei qual era sua condição para chegar ao ponto de te levarem assim. Desculpe, não foi planejado, eu não queria isso. Apenas aconteceu.

Mas, hoje, através desta carta, quero te deixar ir, ir de verdade, ainda que na minha mente te sinta de forma tão presente, tão dolorida. Às vezes, essa dor é intensa, desesperadora, mas quero que você vá sabendo que senti muito sua falta. Por inúmeras noites, acordava e queria acreditar que tudo havia sido um pesadelo, porém, em alguns segundos, constatava que não, e que tua perda foi real.

Desejei muito sua presença quando meu filho nasceu, quando ele entrou na piscina pela primeira vez ou aprendeu a andar de bicicleta. Eu queria muito acompanhá-lo, mas não conseguia, porque você não estava lá. Mas hoje, por esforço consciente, não me enxergo mais com você, por mais que tente. Falo em esforço porque, com alguma frequência, você volta vez ou outra em forma de dor, talvez por outras ausências que tenho na vida. Você se faz presente, se contorce, quebra, queima, coça. É quando encontro o abraço caloroso e acolhedor de meu filho, que não mede esforços ou noites maldormidas buscando amenizar o momento para mim.

Pode ir, eu me construí de outra forma, e vou te falar que me olho no espelho e me orgulho muito de onde cheguei, quem sou e como vejo beleza nessa mulher. Coloquei espelhos em vários ambientes da casa, espelhos que me permitem me enxergar inteira quando passo, porque eu sou assim, não quero nada mais ou menos, quero intensidade, completude.

Apesar da tua ausência no meu corpo, me vejo absolutamente completa.

Prefiro assim, não quero coisas mornas, pensamentos condicionantes. Quero sonhar/viver com todas as possibilidades que tenho, sentir sangue quente correndo nas minhas veias.

Eu amo me olhar no espelho, mas não por narcisismo. É um olhar além de mim, do meu corpo, que enxerga minha história, o caminho já percorrido. Nele, enxergo a força para sair do lugar "morninho", mas desconfortável, que eu me encontrava e experimentar uma nova vida.

Não importa a idade ou a condição, há um caminho a ser percorrido que enche a mente de esperança e nos enche de fôlego de vida. Nele, encontro a certeza de que, caminhando nas condições que posso, recomeçando quando preciso for, experimento a alegria e a abundância da vida.

Não, não vou desperdiçar mais tempo ou energia com aquilo que não tenho poder ou ação para mudar, prefiro saber e conhecer outras possibilidades. Isso nunca significou desistir ou ser fraco, entregar os pontos. Creio que, na verdade, é saudável perceber que há limites para muitas coisas, sobretudo naquelas que não temos nenhuma ação.

Hoje, finalmente consigo enxergar mais o que tenho do que a tua ausência. Isso não significa que você não foi importante para mim, mas entendi que precisava, e preciso, encontrar outras formas de fazer, viver e ser feliz também.

Vai, porque você, hoje, é como uma lembrança boa e doce, uma saudade, não mais uma dor. Uma lembrança que dá prazer em saber que tive a oportunidade de vivenciar.

Vai, que eu também vou indo viver.

Obrigada por todos os momentos. Com amor,

Leila Hadad

VOCÊS SÃO PARTE DE MIM!

Leila Hadad e o acidente que mudou o curso da história[2]
1990, um sábado à tarde. Eu, agoniado na redação do Jornal de Hoje, tentando fechar a edição de domingo. Redigia uma chamada de primeira página, quando Wady Hadad Neto irrompeu na sala. Pela cara dele, amargurada, vi que o problema que trazia era grave demais.

Quase sem fôlego, disse: "Fala, meu irmão". Sem rodeios, foi desatando o nó que o atormentava. "Reis, minha irmã Leila sofreu um acidente de carro, está entre a vida e a morte". Imerso em dor, queria justiça. Um tampão de esgotos, indevidamente

---

[2] Trecho originalmente publicado em REIS, Nonato. *Lembranças de repórter*. Edição do autor, 2022, p. 218; e reproduzido aqui mediante autorização do autor.

aberto, fora responsável pela tragédia que matara uma pessoa e vitimara outras três.

O choque da revelação arrastou-me de volta ao passado. Vi Leila ressurgir diante de mim magricela, meiga e toda sorrisos. Eu a conheci menina, lá pelos nove anos. Fui levado até ela pelas mãos do seu irmão, Wady, meu colega de faculdade e amigo de primeira hora.

A casa deles na rua Bom Jesus, Apeadouro, era o meu refúgio. Passava ali horas a fio, jogando conversa fora, "filando" almoço e arquitetando maldades contra colegas desavisados.

Na casa de Hadad havia uma espécie de porão com lousa e material pedagógico, que ele dividia comigo e Claudio Farias, seus amigos inseparáveis, no cumprimento dos deveres escolares que invocávamos muito mais como álibi. O local servia mesmo era para arquitetar tramas diabólicas. Foi lá que organizamos o "Pai-Nosso" da faculdade, uma espécie de hino às avessas, que colocara olho nu nos defeitos de cada uma de nossas vítimas de curso. De tão unidos, os três acabariam compondo o trio inseparável do romance "Lipe e Juliana".

Nessa época, Leila andava de pijamas pela casa. Às vezes, chegava e me instalava no sofá à espera do parceiro que ainda dormia ou cumpria alguma obrigação. Leila tomava o assento à frente e desatava a conversar. Queria saber das coisas da faculdade, de como o irmão se comprometia com as disciplinas, detalhes sobre os colegas do curso. Também falava de si, das suas matérias preferidas e dos professores que lhe chamavam a atenção. Quando Hadad (acho que só eu o chamo assim) surgia na sala, o papo corria solto.

Era mesmo uma garota especial. Tinha algo nela que me prendia os olhos e não sabia ao certo reconhecer. O fato é que

Leila era dona de um magnetismo, uma presença de espírito que seduzia o interlocutor. Cláudio, o mais inteligente e culto do grupo, adorava conversar com ela e sondar seus projetos de menina. Leila tinha muitos planos e disso eu pude ter certeza anos mais tarde, ao rememorar em uma matéria de jornal o episódio que mudaria a vida dela para sempre.

1992. Trabalhava em o Estado do Maranhão. O jornal criara uma coluna intitulada "De novo na Pauta", em que se procurava resgatar fatos que haviam causado grande repercussão na opinião pública. Lembrei-me de Leila Hadad. Liguei para Hadad, o irmão, e sondei a conveniência de abordar o tema. Fui ao encontro dela. A conversa de várias horas renderia uma reportagem de página inteira, talvez a melhor que escrevi em toda minha vida de repórter. Na entrevista com Leila, quis reconstruir o ambiente a sua volta antes do acidente, tentando mostrar como a tragédia abalou sua vida e qual rumo ela se obrigou a tomar em função disso. Aparentemente calma, Leila foi puxando o fio da meada. Como quem conta uma história envolvendo outra pessoa — sem demonstrar comoção, dor ou tristeza —, falou dos inúmeros projetos que marcavam sua vida adolescente naquele início de ano, com destaque para a atuação como atriz de teatro.

Fiquei tão fascinado com a narração que decidi começar o "lead" assim: "O ano de 1990 encontrou com Leila Hadad cheia de vida (...)". E fui enumerando cada sonho que ela acalentava naquele alvorecer de mocidade para, em seguida, fechar com a cilada que a colocaria na encruzilhada do destino. Leila rememorou o acidente e as cirurgias em detalhes. "Furaram minha tíbia com broca, igual a essas que se usam para perfurar madeira", ela relembraria, com frieza desconcertante.

Perguntei o que mais a marcou nessa tragédia, se ficou alguma imagem ou algo de que jamais esquecera. Ela pensa por alguns segundos. "Tem uma sensação esquisita: como um óleo queimado escorrendo sobre a perna que perdi... e também uma mosca voando sobre ela; sinto até o vento de suas asas em movimento."

Leila Hadad venceu a morte. Retomou a vida. Casou-se. Nunca deixou de sonhar.

Nonato Reis, jornalista e escritor.

CAPÍTULO 4

QUANDO A FASE AGUDA GERA PODER

Em meio à dor, enfrentar
é poder para recuperar.

*"O que verdadeiramente somos é
aquilo que o impossível cria em nós."*

(Clarice Lispector)

Certo dia, estava no 15º andar de um edifício e tive uma vontade enorme de jogar a prótese janela abaixo. Queria que se quebrasse inteira, cada parafuso. Felizmente, meu lado racional não permitiu. Se caísse sobre alguém, poderia provocar um acidente enorme, inclusive fatal.

Então, decidi tirar a prótese do meu campo de visão e deixar a vontade passar, ocupando-me com alguma tarefa que desviasse esse tipo de pensamento. Eu vivia assim: sentia esse impulso por alguns momentos ou situações, mas, lá no fundo, sabia que meu desejo era punir, eliminar da minha vida aquilo que, no momento, considerava como o "deboche", uma "afronta" à minha pessoa.

Ao mesmo tempo, entendia que não era essa a minha condição, pois a prótese e as muletas eram as ferramentas que eu possuía para amenizar as consequências do acidente e me tornar mais independente. Então, decidi fazer as pazes e seguir em frente com esses "acessórios".

Andava constantemente nessa montanha russa emocional, com altos e baixos. Algumas vezes, demorava algum tempo para conseguir subir. Uma coisa é estar num ambiente onde se convive com pessoas em situações semelhantes à sua, outra é ir para a sua vida, para o seu dia a dia e se deparar com escadas sem corrimão, rampas construídas para cumprir protocolos, olhares cheio de preconceito que conceituam o outro como incapaz ou estabelecem limites de capacidade pela ausência de um membro ou de uma outra deficiência.

Não, não é fácil! É cansativo, exaustivo, revoltante. Escolhia seguir, fingia que não via, me equilibrava para subir os degraus, ignorava os olhares, abafava a dor e a revolta que sentia, calava meu grito.

Talvez tivesse sido melhor gritar e dizer: basta a dificuldade que já existe! Teria gritado e talvez sentisse alívio, apenas, e isso já teria sido bom. Em vez disso, procurei construir minha vida como se não fosse amputada. E isso não foi de todo ruim, ao contrário, foi através dessa "revolta oculta" da dor que carregava na alma que descobri que continuava capaz de realizar qualquer tarefa ou atividade. É verdade que às vezes faço pequenos ajustes, mas isso ocorre com todos, independente de deficiência. Na busca por realizar tarefas de forma mais confortável, cada um se adapta a uma nova realidade.

ERA UMA VEZ...

Eu me adaptei à prótese que veio em substituição à minha perna. Foi um longo processo, meses a fio de fisioterapia que vivenciei até alcançar essa fase.

Fico pensando se, no lugar de adaptar-me, eu tivesse me acomodado? Talvez estivesse tentando viver de forma contrária à natureza humana, criada para o movimento, para a ação. Ainda assim, às vezes, parece tão difícil adaptar-se que a inércia se torna opção. Ledo engano: ela é restritiva e frustrante, além de tornar a vida mais infeliz.

A acomodação rouba a coragem de enfrentar um desafio novo, impede de ousar e de buscar por lugares ou situações melhores.

A dor pode ser uma grande adversária ou uma forte aliada. Acomodar-se e viver com ela é tê-la como uma eterna inimiga. Fiquei cansada de tê-la contra mim e resolvi me "unir" para conseguir me desvencilhar dela. Aliei-me para conhecer sua origem e fazer um enfrentamento adequado. É como uma febre persistente. Não adianta ficar tomando antitérmico durante vários dias, é necessário examinar e descobrir o que está provocando a reação febril, e assim tomar a medicação adequada para combatê-la.

E assim a vida segue seu ritmo, com momentos de alegrias, outros de dificuldades... mas busco viver cada um deles sem estacionar num só fato ou acontecimento. Afinal, precisei viver de forma intensa cada etapa do processo pós-acidente: cirurgias, curativos, remédios, hospital, fisioterapia, internações, cadeira de rodas, muletas, próteses... Só assim pude ultrapassar cada fase para chegar aqui.

Entendi que não faria curativos ou passaria pela mesma dor a vida inteira. Se enfrentasse aquele momento, os ferimentos iriam se fechar e essa etapa estaria vencida. Porém, mesmo compreendendo isso da forma mais racional que podia, o pensamento não se tornava um impeditivo da tristeza que carregava. E por quê? Porque esse era um estágio que eu insistia em não viver.

Queria ser feliz quando voltei a andar, por exemplo, e de fato sentia muita alegria e gratidão. Mas achava que, se expressasse tristeza por conta da perna, porque desejava andar sem a ajuda da prótese, estaria desmerecendo todos os outros desafios que vencia cotidianamente.

Mas, afinal de contas, por que carregaria essa dor? É um fardo pesado para o dia a dia de qualquer um. As barreiras com que nos deparamos nas ruas, em lugares públicos, e as pessoas tóxicas são, sim, dificultadores. Porém, se conseguirmos separar na nossa mente o impedimento físico do emocional, certamente teremos novas perspectivas.

Durante o enfrentamento, descobri que algumas barreiras só existiam na minha mente, principalmente aquelas que se aliançavam com meus preconceitos. Quando eram superadas, eu via muita vida, tanto lá fora como dentro de mim. A vida me esperando, como sei que ela espera por cada um de nós sempre que abrimos a porta e decidimos sair.

Aprendi a dirigir com o apoio do meu irmão Jorge, que me presenteou com um carro. Trabalhava fora, participava de reuniões, lavava banheiros, ia às compras, arrumava a casa, elaborava relatórios, acompanhava equipes, pintava o quarto, desentupia ralo, cozinhava, lavava e passava roupas e batia metas, engravidei, cuidei e eduquei um filho maravilhoso.

Mesmo assim, de repente, eu me sentia incapaz de colocar um biquíni e tomar um banho de mar, ir ao shopping sozinha ou mesmo colocar um vestido mais curto. Em um momento, era capaz de conquistar o mundo, no próximo, conseguia ver apenas minhas limitações ou as minhas ausências. Pode parecer óbvio a essa altura, mas levei algum tempo para descobrir que essas barreiras existiam mais em mim do que fora de mim.

O que constatei foi que todos os impedimentos, físicos ou mentais, só seriam vencidos na base do enfrentamento. Precisei entender que eles não eram reais na forma como eu imaginava e assumir que a minha vida dependia de mim, por mais que estivesse rodeada por pessoas que me amavam demais. O que eu quero dizer é que sempre haverá desafetos, dificuldades e dores, mas sempre haverá também dias felizes, sol brilhando, alternativas e soluções.

Tudo depende da forma como decidimos enfrentar a dor ou o desconforto. Não é o vizinho, os pais, o patrão, a economia, o namorado, os filhos, o marido ou esposa que irão resolver nossos problemas. É você e sou eu! O que fará diferença em minha jornada será a forma como vou reagir àquilo que está na minha frente, como eu decido enfrentar meus problemas. Relembrando que, diante de cada fato, posso me acomodar, procurar culpados, adaptar-me ou lutar. Peço a Deus todos os dias a capacidade de sempre encontrar motivos para ter esperança e seguir em frente.

E você? Como tem levado a bagagem da sua vida?

Quando me dispus a deixar minha "mala" mais leve, abandonando o que não me cabia mais, me tornei mais objetiva e me policiava para não mais me autossabotar e apenas aceitar que não sei de quase nada, ou de nada mesmo, que é possível mudar de opinião ou rota e se tornar mais leve e feliz no ritmo que se consegue andar.

Bem, só para deixar claro, nunca joguei minha prótese janela abaixo. O impulso ficou só no campo das ideias mesmo e, hoje, não me vejo sem ela, assim como não me vejo com a minha perna de antes.

Minha prótese faz parte do meu corpo, assim como todos os outros membros que possuo, e eu a amo intensamente. Foi muito bom me aliar a ela e entender na mente e no coração que ela não era a inimiga — porque essa era minha antiga forma de enxergar.

VOU DESABAFAR!

Precisamos entender que não adianta brigar com a vida, culpar as pessoas ou se colocar na posição de vítima, isso é a acomodação. Precisamos saber exatamente qual tipo de vida queremos ter e que somos os responsáveis por construí-la. Enquanto houver "culpados" por nossa infelicidade, continuaremos infelizes.

Sim, é verdade, existem pessoas e acontecimentos que nos aborrecem mesmo, mas eles não podem controlar nossas vidas por conta disso. Desde sempre soube que não era exatamente assim que eu queria viver: amargurada e triste ou subindo e descendo ladeira, com uma instabilidade emocional absurda que consome toda minha energia.

Não queria viver abraçada à dor. É bom ter paz na mente. O equilíbrio emocional nos faz tomar melhores decisões. Enfrentar a situação também não é fácil, mas é melhor que ficar nos paliativos para sempre.

> O enfrentamento requer coragem para se enxergar sem nenhuma máscara, despida mesmo. Mas é uma opção, uma escolha baseada no que esperamos viver.

Quando eu opto por enfrentar uma situação e me dispo, no lugar da vergonha, vejo coragem e sinais de cura e libertação da alma. Ah! É uma experiência inigualável. Parafraseando o ditado que diz "um abismo leva a outro abismo", "uma cura te leva a outras curas".

Se foi possível uma vez, ela pode se tornar possível em qualquer área da vida. E assim encontramos um recomeço.

VOCÊ É PARTE DE MIM!

Seria mais uma noite prazerosa de sexta-feira, curtindo com os amigos, se não houvesse um buraco no caminho ou se não estivesse nos Planos Divinos.

Éramos cinco jovens (eu, três amigas e meu primo) que sempre saíamos para nos divertir e a curiosidade é que nunca havíamos saído todos juntos. Pedimos emprestado o fusca de uma outra amiga em comum, que havia resolvido ficar em casa naquela noite. O primo era o motorista, com a devida "permissão".

Ficou "determinado" (não se sabe por quem e por quais motivos) o local de cada um no carro, ou melhor, houve um motivo (que não lembro bem) pelo qual o meu lugar seria ao lado dele. Lembro que atrás houve uma "disputa" pelas janelas do carro. Cada um estava no seu "devido" lugar, assim creio hoje.

A noite se iniciou com o papo no boteco; depois, fomos para o reggae. Lembro que recitei um poema no ouvido dele enquanto dançávamos juntos. Por fim, saímos para um bar, onde mais amigos estariam a nossa espera.

No trajeto, ouvi muitas risadas e o som da banda Legião Urbana, mas não lembro qual música tocava. Algo engraçado foi dito lá atrás, olhei para ele sorrindo e foi essa a última vez que nossos olhares se cruzaram.

Era madrugada de sábado, lembro de sentir o odor característico da Lagoa da Jansen, percepção de uma curva, logo a seguir um buraco e o desvio fatal. Um susto, um barulho estranho, um apagão e, por fim, o silêncio. Fiquei com a visão turva e a mente confusa. Não sei como, mas consegui sair do carro. Lembro de meu braço encostar na buzina, que disparou. Isso foi um alerta para quem vinha atrás, em outro carro, e para quem me tirou da cena. Fui a primeira a ser resgatada.

Antes de sair dali, porém, fiquei sentada no chão, no meio-fio, e só conseguia ver quem estava no banco de trás do motorista: era Leila, quieta, com os cabelos encobrindo o rosto. Também ouvi alguns gemidos.

No hospital, fui atendida e liberada, pois havia sofrido apenas escoriações no rosto e nos joelhos. Não sei quem estava comigo. Naquele momento, não entendi o que, concretamente, havia se passado e onde estavam os outros.

Algum tempo depois, chegou Leila em uma maca, passou por mim e, rindo, me lembrou que estava vestida com uma blusa que eu havia emprestado a ela, afirmou que iria devolvê-la. Na hora, não consegui entender o que havia acontecido com uma de suas pernas, que me pareceu muito grande, inchada, vermelha, estranha. Levaram Leila para uma sala. Só a vi novamente depois de muito tempo.

Ainda no hospital, veio a notícia, não sei quem a trouxe, de que meu amado primo não havia resistido e que as outras amigas tinham sido resgatadas pelo Corpo de Bombeiros e levadas para outros hospitais.

No dia seguinte, já em casa, recebi notícia de todos e entendi o que realmente havia acontecido. Soube também que, na hora do acidente, mamãe havia acordado e, angustiada, pediu a Deus proteção para todos que estavam fora de casa.

Durante algum tempo, convivi com uma carga de culpa, junto ao sentimento de perda e tristeza. Acho que a imaturidade emocional e o sofrimento psíquico em que me encontrava levaram-me a pensar que eu era responsável pelo ocorrido, talvez por não ter sofrido nada fisicamente grave, ou por ter saído logo do local, ou por ser quatro anos mais velha do que meu primo... Falaram de perseguição, de "pega", alta velocidade e embriaguez. Isso me assombrou por algum tempo.

Mas, pouco a pouco, tudo foi esclarecido: eram mentiras, invenções, maldades e ignorância, muitos querendo justificar o ocorrido. Soube que um buraco numa curva poderia ser fatal e que, naquele local, já havia acontecido vários outros acidentes. Só foi depois daquele, com vítima e repercussão na mídia, que as autoridades mandaram fechar.

Para contextualizar mais esse período, vou destacar que, naquela época, também percebi que podíamos contar com a solidariedade dos desconhecidos e dos verdadeiros amigos, e que a amizade superava qualquer tempo ruim. Exemplo disso foi que houve uma grande mobilização na Universidade (UFMA) e na Ilha, de forma geral, para conseguirmos bolsas de sangue para uma das amigas, que continuava no hospital. Também foi realizado um grande show, no antigo Espaço Cultural da cidade, para conseguir dinheiro para o tratamento de uma delas, em Brasília, e para a prótese de Leila. Lembro que, nas camisas que mandamos fazer especialmente para o show, estava escrito: "o que vale é a amizade e foi sempre o que a gente fez..." (Amizade, MPB 4). Alerta foi o nome do show e o alerta ficou para a vida toda.

Hoje, para finalizar o meu enredo, digo que na vida fazemos muitas curvas, caímos e fechamos muitos buracos, mas sempre penso que o que encontramos pela frente sempre faz parte de um plano maior de Deus. Família e amigos são parte desse plano. Sigamos em frente.

Cida Pires, amiga e Assistente Social do MPE/MA.

O RECOMEÇO

CAPÍTULO 5

RECOMEÇAR ENVOLVE O ENTORNO

O recomeço e as relações familiares.

*"Recria tua vida, sempre, sempre.
Remove pedras e planta roseiras e faz
doces. Recomeçar."*

(Cora Coralina)

Eu cresci em um espaço em que sempre foi, e ainda é, possível ser quem você é. Onde é possível expressar aquilo que se sente, admitir que se está passando por um momento de fragilidade ou de grande alegria, se apresentar completamente "desarmada" ou mesmo se sentindo alguém incrível de verdade. Não temia julgamento; em vez disso, sabia que receberia ponderações, respeito e, sobretudo, ações que davam dignidade, mesmo quando nem me importava com isso.

Era um lugar de cuidados, construído a quatro ou mais mãos, em que se pensava no amanhã sem ignorar o hoje — mesmo quando, à época, era difícil até mesmo saciar minha própria sede, literalmente. E foi em um ambiente assim que recomecei essa jornada. Quando um de nós passava por um momento de guerra, todos se uniam para essa batalha.

Eu sei que esse lugar foi construído com a entrega de cada um, com o se importar com os outros, com o saber ser feliz e grato com as conquistas, as realizações, a vida e a presença do outro. Não me refiro a um lugar construído de forma perfeita, monótona, insossa... não! Lá também existia divergência de ideias, conflitos, brigas, mas o que unia todos nós sempre foi mais forte do que qualquer diferença. Um espaço onde eu poderia tirar a camisa para ajudar o outro a se aquecer.

Por esse motivo, chegar em casa sempre foi para mim um grande prazer, independente dos acontecimentos que deixava lá fora. Ao abrir a porta, eu encontrava a paz, o cheiro do aconchego, aquela alegria de ter a certeza de que estava exatamente no lugar certo, de autenticidade, com uma (des)organização gostosa que expressava vida.

Devia ser lei que todos tivessem um lugar assim e vivessem essa experiência.

Certa vez, quando eu era adolescente, um espinho de tucum entrou no meu pé enquanto passeava no sítio de uma amiga. Tucum é uma palmeira que cresce formando tufos concentrados, cheia de espinhos grandes. Meu pé inchou muito e, não sei até hoje se é verdade ou não, mas contava-se a história de que o espinho "andava" pelo corpo e poderia chegar ao coração, e aí seria fatal. Isso me dava um medo enorme, mas nada nem ninguém conseguia tirar o danado de lá, e foi ficando difícil de andar. Acredito que, de tantas tentativas para extrair o espinho, o local criou uma bolha e ficou bem mais inflamado — e mesmo assim ele continuava lá. Um dia, quando acordei, vi meu irmão Jorge mexendo no meu pé para extrair o espinho. Ele procedia com tanto cuidado, que preferi ficar quieta, como se não tivesse visto. Fiquei de olhos fechados, me sentindo amada e cuidada. O espinho estava no meu pé, mas incomodava no meu irmão também me ver com aquela dificuldade. Nesse dia, o danado saiu.

É por isso que tenho tanta certeza do privilégio com que sempre vivi. Um ambiente de cuidado e presença.

Tomara eu ter e conseguir replicar essa expressão de amor nos lugares por onde passo. Esse é o alicerce que sustenta a vida com abundância, que vai muito além da aparência, do material. No qual, mesmo em "dias de guerra", ficava evidente que ali era o canto certo para dar sossego à alma e experimentar de um amor que alimenta, feito não de palavras, mas de ações, de postura.

Assim como em qualquer espaço da vida, lá também colhíamos o que plantávamos e, quando a colheita não era boa, havia respeito e uma mão estendida, tornando aquele momento menos constrangedor e cheio de esperança.

Esse lugar não era perfeito, mas me proporcionava uma segurança indescritível e, de repente, com o ocorrido, as inseguranças e incertezas não eram somente minhas, mas de todos, e isso foi difícil de encarar. Acreditei que eu havia provocado dor e me custou muito pensar nisso. Quando dei por mim, percebi que o preço desse evento tinha se estendido para muito além de mim. Dada a experiência que possuía nesse espaço tão seguro, poderia ter entendido que seria esse o processo natural, do envolvimento de todos no desenrolar da recuperação, que não ficaria sozinha nem um só segundo. Eram assim o amor e o compromisso que preenchiam nosso lugar, nossa casa. Seria natural que todos se envolvessem, mas o sentimento de culpa por levar esse desassossego foi se alojando em mim, causando um certo constrangimento.

Faltou-me essa compreensão de que era importante me livrar da culpa e, como não consegui, meio que me envergonhei e entristeci. Rápido demais, vivenciamos uma dor e um fato até então desconhecidos, era o problema, a dificuldade, a dúvida, a insegurança do próprio dia, quiçá do amanhã... mas, ao mesmo tempo, eram tomadas decisões importantes que preservaram minha vida e a qualidade que ela teria dali para a frente.

Tive a oportunidade e o privilégio de passar por esse processo em um hospital de referência, que possuía um atendimento humanizado, com raríssimas exceções, mesmo quando ainda não se falava sobre isso. O hospital tinha uma equipe enorme de médicos, sempre com um ou dois professores e demais residentes.

Tinha quase uma equipe para cada osso quebrado: o médico da amputação, do joelho, do fêmur, da tíbia, do pé e, com cada um, havia os residentes. Cheguei ao hospital numa noite fria de um sábado de agosto; na segunda-feira, todas as equipes entraram de uma única vez no quarto em que eu estava. Simplesmente uma multidão de pessoas aos meus olhos. Fiquei muito assustada e perguntei se o meu quadro era muito grave e o que estava acontecendo. Eles então se apresentaram e explicaram como seria o tratamento.

De todas as equipes, um residente era eleito para passar pelo quarto duas vezes ao dia e acompanhar mais de perto o paciente. Eduardo, um médico colombiano que fazia residência ali, foi o escolhido. Voz mansa, cara de gente boa, gostei bastante dele. A primeira visita era feita com a equipe, pela manhã. Na segunda, no período da tarde, ele passava sozinho para saber como eu estava, como tinha sido o dia. Ficamos amigos a ponto de ele ir diversas vezes ao dia, algumas somente para uma conversa à toa, dar um "oi" ou sentar-se um pouco, descansar, como ele mesmo falava. Morava nos apartamentos do próprio hospital, destinado aos residentes.

Quando recebi alta, nossa amizade continuou, ele almoçava conosco aos domingos ou, quando estava de folga, ia comer um bolo de milho feito na hora por minha mãe. À medida que fui ficando em pé, passamos a sair também, íamos ao teatro, algumas vezes ao cinema ou comer uma pizza. Sabe essas pessoas que Deus vai acrescentando nas nossas vidas? Ele era assim. Quando recebi alta, ficou todo feliz e foi conosco até a saída do hospital.

Deus é muito generoso comigo porque, além dos médicos, fisioterapeutas, nutricionista, enfermeiras, sempre tive uma família muito presente em minha vida, todos da minha casa se empenharam pela minha recuperação, mas, dentro de mim, havia um conflito e me questionava a todo minuto: *Como pude levar desassossego para o lugar onde sempre tive paz? Como tive coragem de fazer isso com as pessoas que mais amo?* Não era justo que a dor deixasse de ser individual e passasse a ser coletiva, passasse a ser de quem nada fez para provocá-la. Mesmo quem não a semeou, agora a colhia junto comigo, simplesmente porque era esse o fundamento da nossa família, a nossa estrutura tipo Távola Redonda, "um por todos e todos por um", mas, ao mesmo tempo, não me sentia pronta para expor esses pensamentos e sentimentos, acreditava que causaria mais tristeza ainda.

É engraçado como uma mentira pode parecer real, pois, hoje, com lentes mais limpas, vejo que seria exatamente o contrário.

ERA UMA VEZ...

Eu sabia que minhas reações aos fatos poderiam me manter no estado em que eu estava ou poderiam colaborar para sair dele e, independente de qual decisão tomasse, a consequência também afetaria toda a minha família. Isso pode parecer muita pretensão e infantilidade, mas não esqueça que eu ainda era jovem demais e assim conjeturava as coisas na minha mente. Decidi estancá-la, reagindo da forma que entendi ser positiva.

Não bolei um plano de ação, mas fui conduzida pelo desejo de fazer com que os outros vivessem essa experiência comigo de forma que não houvesse muito peso, queria protegê-los dela, mesmo que sem a presença deles não fosse possível superá-la. Foi natural, quase inconsciente, e mais tarde reconheci que não foi certo, poderia ter compartilhado esse sentimento de culpa ruim que carreguei, mas não soube fazer de outra forma. Foi a opção que a visão restrita dos fatos me fez enxergar.

Passei a me comportar como se estivesse tudo bem e, de certa forma, era verdade, porque fui me adaptando a tantas coisas do dia a dia, só não expunha a batalha mental que travava. Era como se eu tivesse me maquiado para mostrar leveza e não descarregar o peso da minha situação em ninguém. Fui acreditando que assim eu mesma carregaria um fardo menor; afinal, um rostinho maquiado esconde as marcas, as rugas e as pegadas do sofrimento. Foi tão real, que eu mesma passei a acreditar, e fui levando, considerando que esses sentimentos não fariam diferença alguma na minha vida.

> Acreditei que as pessoas que eu amava ficariam melhores à medida que eu me apresentasse em um melhor estado. Funcionou por algum tempo; entretanto, foi ficando mais caro, um preço difícil de ser pago que, na verdade, não valia as consequências que me causaram.

Quando percebi o que fazia, já estava longe demais, não sabia mais como voltar. Foi então que entendi a real importância de ter bons pensamentos e sentimentos sobre você mesmo.

Mas eu havia pegado tantos atalhos que não encontrava mais a direção a seguir, muito menos a saída desse emaranhado. Concluí tarde demais que não tinha sido bom colocar meus sentimentos numa caixa e lacrar para que não espirrasse ao redor, sendo que era exatamente ao meu redor que estava à minha disposição a coragem fraterna de, com eles, buscar a saída.

Talvez alguém até consiga fazer alguma coisa sozinho, mas, por experiência própria, sei que não teria saído da situação que me encontrava sem o apoio e a presença deles. Foram eles, naquele momento e na condição que cada um tinha, que me proporcionaram recursos importantes para minha recuperação, tiveram ações necessárias para minha interação com o mundo novamente, enxergaram uma capacidade em mim que até eu duvidava, mas seguia, porque sabia que eles estavam lá para qualquer emergência. Foi muito mais fácil com eles.

Dessa forma, eu considerava ingratidão se tivesse algum outro comportamento que não fizesse jus a todas as oportunidades que tive durante esse processo de recuperação. Eu vi e vivenciei a dedicação e o esforço que empreenderam para que os recursos chegassem a mim, me permitindo ter uma vida digna, com muita autonomia. Eu me cobrava, sem me dar o direito de dizer "não" àqueles sentimentos que me visitavam com frequência maior do que eu gostaria.

Naquele momento, não tinha condição de fazer as melhores escolhas ou mesmo filtrar e evitar tais pensamentos intrusivos. É terrível quando a gente se sente sempre devedora. Isso também pode ser orgulho, meio invertido, mas orgulho, porque como você pode se considerar tão "centro" do mundo, capaz de "destruir" a vida daqueles que estão ao teu redor? Era amor o que eu recebia, e amor é liberdade, é poder falar, se expressar e confiar. Demorei um pouco para entender isso. A prova é que, mesmo camuflando tantos sentimentos, cheguei aqui e tenho, hoje, a melhor vida que posso viver.

Até enxergava as perspectivas do amanhã, mas estava embaralhada demais com os acontecimentos, e acreditei ter perdido o tempo correto para expor e tratar as dores que emergiam de mim, fruto da forma como me relacionei com o ocorrido. Essas coisas, acredite, não passam com o tempo ou por si sós, elas precisam ser postas à mesa.

Os sentimentos se tornaram mais confusos com o tempo, mas voltava a ideia de que falar disso seria não fazer jus ao amor e à dedicação do meu porto tão seguro. Acreditei que poderia fazer a vida voltar ao "normal" sem precisar lidar com as dores emocionais que passaram a fazer parte de minha bagagem.

Não sabia mais de fato o que era real no sentido mais básico da palavra. Os sentimentos se confundiam. Se, eventualmente, você passar por alguma situação que requeira ações práticas, mas dentro de você seja algo doloroso, difícil de aceitar ou entender, sugiro, caro amigo ou amiga, que exponha o que te incomoda, não se julgue tanto, procure ajuda e, assim, faça o que for necessário, tenha coragem e enfrente o momento. Essa situação não vai durar a vida toda, você vai enxergar a tua jornada e terá orgulho do que fez.

Sem dúvida, as ações, as intenções e os movimentos da minha família em meu favor me ajudaram a seguir, embora não tenham sido suficientes, por conta da porta que eu mesma fechei.

Vivi dias muitos difíceis de desesperança, que adoeceram minha alma, e demorei mais do que o tempo necessário para chegar do outro lado e descobrir que não era preciso ser assim. Vivia sem distinguir passado de presente, uma confusão atemporal que, de certa forma, me roubou parte da minha caminhada em direção ao futuro. Queria recuperar o passado, riscar o presente e enganar o futuro.

Quase perdi a mim mesma, ao mesmo tempo que experimentava novidades e tinha tantas oportunidades que me eram oferecidas a todo o tempo em busca de saídas e recuperação. Não conseguia sair desse novelo cheio de nós. Parece lógico que seria suficiente falar, liberar o que sentia, mas não sabia mais fazer isso. Porque, para falar, precisava entender o que estava acontecendo, ou ao menos saber que não era normal, bom ou saudável viver nessa constante guerra interior.

Assim me tornei um ser "falante funcional", sem me expressar de fato, apenas falando o que acreditava que devia ser dito em momentos assim. Era difícil até usufruir das chances que tive, porque continuava entrelaçada ao passado cheio de fatos mal resolvidos. Feito uma roupa mal-acabada, cheia de linhas penduradas. Não estava inteira, e não por ter perdido um membro, mas porque era incapaz de me encontrar em meio a tudo que estava vivendo e a todos que estavam vivendo comigo.

Apesar da confusão de sentimentos, dos percalços, valeu a pena a dedicação, o esforço e o empenho de todos aqueles que não desistiram, nem me deixaram desistir.

Foi importante **terem me tirado de casa**, me levado a festas, shopping, cinema, teatro, mesmo quando eu ainda não tinha a prótese, na cadeira de rodas mesmo. Na maioria das vezes, eu só queria ficar no meu canto "morninho", mas hoje sei como foi importante enfrentar o mundo, olhar e ser vista por pessoas, sendo alguém com uma configuração corporal diferente, denominada pessoa com deficiência. Eu não sabia, mas era um exercício, assim como foi a fisioterapia, uma preparação para quando eu voltasse à minha vida e já tivesse o repertório necessário para enfrentar não apenas os obstáculos físicos, mas a mim mesma, e me encaixar de volta na sociedade.

Eu aprendi a ir, mesmo insegura, querendo desaparecer em algumas situações, é verdade, mas ainda assim ia, e hoje entendo que isso era um exercício de inclusão da nova versão de mim no mundo.

Por falar nisso, lembro que, após retornar para casa, alguns anos depois do acidente, procurei uma academia, pois queria e precisava fazer musculação. Foi um momento muito constrangedor, porque, logo que eu entrei lá, veio ao meu encontro uma funcionária e me perguntou se podia ajudar. Falei do meu interesse e necessidade em fazer musculação e ela disse que acreditava não ser possível, que era melhor eu procurar uma clínica de fisioterapia. Tentei até argumentar que não era fisioterapia que eu precisava, e sim musculação, mas não pude nem ao menos conversar com o professor para estudarmos as possibilidades.

Senti-me descartada. Confesso que, na época, fiquei superconstrangida, envergonhada, excluída, e o sentimento de raiva pelo que tinha acontecido comigo e me deixado nesta condição encontrou um terreno irrigado, fértil, dentro de mim. Saí com uma mistura de pensamentos.

Que leitura aquela pessoa fez de mim, a ponto de não me permitir ao menos conversar?, pensei. Ela não me conhecia, mas me julgou incapaz pela aparência que eu tinha. Quando penso nisso agora, tenho clareza de que o constrangimento não devia ser meu, muito menos a vergonha, e que eu deveria partir para outras academias e outras atividades.

Hoje, sei que consigo fazer outras atividades por conta do treino que meus irmãos fizeram comigo desde o início, me tirando de casa, fazendo eu me expor, no melhor sentido, mostrando que eu podia estar em todo lugar ou realizar qualquer atividade, sentir que pertencia a um grupo, a uma sociedade. Mas faltou a acessibilidade na relação com aquela funcionária.

Foi bom não ter desistido de encontrar outro lugar que fosse acolhedor e onde eu pudesse fazer o que precisava. São essas situações que nos mostram que, na vida, algumas vezes, precisamos fazer o que é preciso, e que nem sempre é confortável, mas necessário. Não sei se vai existir uma segunda-feira ideal para iniciar algo novo, diferente, mas que traga movimento, crescimento, que nos faça sentir vivos. Sei que hoje, agora, é o dia, situação e condição perfeitas para tomar um novo rumo e uma nova jornada na minha vida.

Foi valioso **nunca terem me enxergado como vítima** dentro de nossa casa ou fora dela, mas como alguém com uma deficiência física e que precisaria encontrar formas de enfrentar obstáculos e viver seu dia a dia de forma eficiente. A ideia se tornou uma referência para mim e fui vivendo: experimentava a dificuldade e, no dia seguinte, retornava com uma nova forma de enfrentamento, até que todas ou quase todas as tarefas do dia a dia se tornaram automáticas. Isso me proporcionou autonomia, independência para fazer o que era necessário e me fez ter certeza de que a falta de um membro não poderia ser o fator que determinaria o meu limite.

Também não posso deixar de fora a importância de **impedirem que minhas escolhas se baseassem no que era mais fácil** por receio do enfrentamento ou por ser menos trabalhoso naquele momento. Não era imposto, mas envolto em um respeito e apoio real, físico mesmo, que me dizia, mesmo sem palavras, "estou do seu lado e no seu ritmo, você vai conseguir".

Se saíamos ou viajávamos para um local com menos acessibilidade, a velocidade da nossa caminhada era estabelecida conforme o meu ritmo, e isso era muito natural, não era combinado. Sempre me senti incluída e, à medida que fui voltando à rotina, fui percebendo que rampas e elevadores são peças importantes no processo de inclusão de pessoas com deficiência, mas nada se compara a atitudes de respeito às diferenças, aos limites de cada um, à não discriminação ou desqualificação de habilidades por conta de uma amputação.

Aprendi que a amputação de uma perna não poderia estabelecer o meu limite e não lembro de nenhum episódio em que fui paralisada por conta disso, mas recordo de alguns em que congelei por conta da minha própria não aceitação.

Atualmente, quando chego a um "lugar" dentro de mim mesma, percebo se ele potencializa minhas fraquezas ou se estimula o melhor de mim. Não admito mais alimentar o que não me faz bem, sei bem de onde saí, e não desejo voltar, e sei aonde desejo chegar.

Nunca recebi ou percebi em pais ou irmãos o olhar de capacitismo[3] ou algo depreciativo. Não era vista pela ausência de um membro, mas, sim, por quem sou, por minhas habilidades e capacidades. Isso colaborou para o meu resgate, para a minha volta ao mercado de trabalho, para a minha relação com as pessoas e comigo mesma.

Por muito tempo, pessoas com deficiência foram vistas como negativas, e essa ideia perdura no senso comum até os dias atuais. Sabe a experiência que relatei na academia? Pois é, o comportamento da funcionária reflete em muito esse contexto que rotula pessoas com alguma limitação física como incapazes para realização de determinadas tarefas.

Isso, obviamente, não é um "privilégio" somente das pessoas com deficiência física, mas também das mulheres e tantas outras minorias. Com todo o arsenal de informações que temos atualmente, das mudanças históricas, do aumento da expectativa de vida, dos avanços tecnológicos e da própria medicina, a mulher acima de 50 anos, por exemplo, pode sofrer discriminação no trabalho ou algum outro lugar somente por conta da sua idade cronológica. Pode haver "surpresa" ou espanto de alguns ao olhar uma mulher 50+ vivendo sua própria vida, amando, trabalhando, pagando suas próprias contas ou tendo uma vida sexual ativa.

No início, me constrangia muito com alguns comentários, mas, com o passar do tempo, tentei entender qual a motivação das pessoas que teciam comentários assim. Percebi que em algumas não havia maldade, era realmente falta de

---

[3] Capacitismo (em inglês: *ableism*) é a discriminação e o preconceito social contra pessoas com alguma deficiência.

entendimento, desconhecimento; outras, entretanto, são maliciosas, desejam contaminar com seus próprios preconceitos. Nesse caso, o melhor a fazer é devolver a elas o seu próprio fardo, a ponto de causar constrangimento mesmo, pois assim talvez elas entendam que o "problema" não está no outro, mas nelas mesmas.

Apesar de ainda existir esse olhar estigmatizado, atualmente há um movimento para criar e estabelecer uma nova cultura verdadeira de inclusão. Na academia que comentei anteriormente, havia acessibilidade física, que é uma excelente forma de inclusão, porém não foi o suficiente; faltou treinamento e esclarecimento à funcionária de por que é necessária também a mudança de comportamento, da atitude e do olhar

> O preconceito tem muitos disfarces e cada um deve responder por si, mas opto por colocar limites nas "boas intenções" de alguns.

Foi importante enfrentar cada cirurgia ouvindo que eu teria mais qualidade de vida depois delas. Acreditar naquilo me dava tranquilidade, esperança na possibilidade de sobreviver a mais uma operação. Ainda lembro da alegria calma de acordar no pós-operatório, a luz das lâmpadas da UTI, ouvir o barulhinho de equipamentos, dos passos da enfermeira que vinha dar um oi e saber se estava tudo bem, dizendo que minha família estava lá fora aguardando por notícias minhas.

Aqui quero abrir um parêntese para o medo de passar por cirurgias! Eu não queria morrer, e fazer cirurgia era a opção de melhora que eu tinha, a outra seria ficar deitada, sem nem mesmo conseguir me sentar. Isso eu tinha certeza de que não queria. E na vida é assim, há muitas coisas que não queremos, e a escolha de enfrentar pode ser realmente o caminho mais curto, embora não o mais fácil, para sair da condição em que estamos. Novamente, vejo que é assim mesmo, há coisas que precisamos fazer de qualquer jeito! Seja com coragem ou com medo. Por isso era tão bom acordar e ver as luzes e sons da UTI. Pensava: menos uma. Sabia que estava mais perto de sair daquela condição.

Era a sensação de ter conseguido passar por mais uma etapa, uma imensa gratidão pela vida e por todos que estavam comigo naquele momento.

As atitudes que encontrei em minha família, que sempre foi para mim um referencial de confiança e segurança, me fizeram persistir. Eu tinha um compromisso comigo, com meus pais e irmãos, e com a família que constituímos de seguir em frente mesmo nos dias mais difíceis.

Com o decorrer do tempo, mesmo encontrando dificuldade em fazer algumas coisas, isso não me entristecia. Os ensinamentos práticos que recebi dos meus irmãos me ajudaram a encontrar formas de superar as barreiras que encontrava na execução de tarefas, caminhadas e de enfrentamento da vida sendo uma pessoa com deficiência.

===== VOU DESABAFAR! =====

Não me abatia a falta de acessibilidade, mesmo que isso seja cruel e constrangedor, ou a dificuldade de realizar tarefas cotidianas. O desgaste emocional vinha com a dificuldade de me encarar no espelho, de me respeitar e reconhecer o meu valor como pessoa, como mulher. Esqueci nesse momento que minha família funcionava para mim também como um espelho que refletia esperança. Foi necessário percorrer cada milímetro para chegar aonde estou hoje e deixar brotar de mim o respeito e a admiração que tenho pela minha vida. Em retrospecto, sei que sempre esteve ao meu alcance a habilidade de compartilhar os sentimentos da minha alma com meus amados, mas não soube fazer antes o que hoje penso que poderia ter feito.

Imagino não ter sido fácil para meus familiares, que, sem palavras, mas com muitas ações, fizeram tudo para que eu alcançasse o bem-estar novamente. E aqui estou, compartilhando aquilo que poderia ter sido minha morte física e emocional, mas que trouxe vida, muita vida, e o desejo de fazer com que minha caminhada possa alcançar outras pessoas e fazê-las enxergar que, se desejarem, também podem encontrar uma saída, independentemente de onde estejam.

Toda ação tem sua repercussão, que vai além da vida de cada um. Uma palavra ou forma de enxergar as coisas faz toda diferença para quem pratica e para quem recebe, e ainda pode ir além, repercutindo também sobre pessoas que não se conhecem, mas testemunharam nossas ações. Por isso, sou tão grata aos meus familiares, que sempre me viram como sou, mesmo quando duvidei de mim mesma. Vocês viam que o meu corpo havia mudado, mas não a minha essência. A vocês, todo meu amor, todo meu respeito e toda minha gratidão. O carinho de vocês permanece comigo como uma marca positiva ao lado de tantas cicatrizes no corpo e na mente...

Após esse período de turbulência, de volta à vida, casei-me, engravidei e gerei dentro de mim um filho que se tornou o motivo para eu continuar naqueles dias em que estava exausta.

Ele é o amor da minha vida.

Sabe aquele senso de responsabilidade ou instinto materno que te direciona a fazer o que você considera certo, e não o que é mais confortável? Sim, eu olhava para Gabriel ainda bebê ou criança e desejava com todas as minhas forças demonstrar a ele a segurança que eu não via em mim, o amor, o respeito por si, a coragem de enfrentar o dia a dia — não como super-herói, nem como vítima, mas entendendo que coisas boas ou ruins podem acontecer, mas é o que fazemos que de fato determinará nossa forma de viver. E assim eu desejei que ele enxergasse o mundo, com muito mais possibilidades que eu.

Esforcei-me para mostrar a ele que, às vezes, tropeçamos, mas, se prestarmos atenção, encontraremos forças e motivos para levantar. Algumas outras vezes, vencemos a batalha e experimentamos a alegria da conquista, mas em nenhuma delas posso estagnar no sentido de achar que foi o meu máximo.

Eu posso até não querer mais, é um direito, mas, se quiser, há sempre para onde avançar ainda mais. Acredito que ele tenha compreendido e experimentado isso no decorrer de sua vida. Hoje, ele é um homem feito e o meu orgulho. Encontrou seu talento desde o início da adolescência e segue nessa trilha, vencendo a si mesmo a cada dia, buscando conhecimento e crescimento como pessoa e como profissional.

VOCÊS SÃO PARTE DE MIM!

Primeiramente, é um orgulho tê-la como amiga. Inevitavelmente, um dos momentos mais vivos na minha memória em relação à Leila foi a forma corajosa, determinada e madura com que enfrentou o acidente que sofreu e que marcou sua vida para sempre.

Não é fácil para ninguém, ainda mais para uma bela jovem, de 20 e poucos anos, cheia de energia e sonhos, que, ao sofrer uma dor tão cortante, consegue seguir em frente e construir os seus projetos com altivez e serenidade.

Leila é desse tipo de gente que tem "a estranha mania de ter fé na vida", como diz Milton Nascimento, e por isso é "uma mulher que merece viver e amar como outra qualquer do planeta".

José Luiz Diniz, amigo de longas datas e jornalista em São Luís/MA.

———

Me chamo Ricardo Nussrala Haddad e sou irmão de Leila.

Como irmão, acompanhei de perto o acidente. Estava próximo o suficiente para perceber os sentimentos que envolveram a perda de um membro como a perna, mas também distante o suficiente para observar as mudanças no comportamento de minha irmã.

De tudo, posso dizer que Leila soube sentir e sofrer a perda da perna, mas não ficou um único instante paralisada neste sentimento. Superou sentimentos ruins, venceu traumas, voltou a dirigir, casou-se, teve filho, e vive uma vida normal, salvo pelo detalhe de usar uma prótese.

Também nunca vi minha irmã com vergonha de ir à praia ou de usar saia ou vestido, muito menos ficar constrangida por olhares indiscretos. Definitivamente, ela ensina que a deficiência está na mente, não no físico.

**Ricardo Haddad, irmão,
amigo lindo e advogado tributarista.**

CAPÍTULO 6

CICATRIZES NÃO SE FIXAM SOMENTE NA PELE

Quando as feridas, as cicatrizes e as marcas transcendem o corpóreo.

*"Mas é preciso escolher.
Porque o tempo foge.
Não há tempo para tudo.*

Não poderei escutar todas as músicas que desejo, não poderei ler todos os livros que desejo, não poderei abraçar todas as pessoas que desejo.

É necessário aprender a arte de "abrir mão" — a fim de nos dedicarmos àquilo que é essencial."

(Rubem Alves)

Em dado momento, houve uma onda de patins em São Luís. O ponto de encontro era a praça Gonçalves Dias, no centro da cidade, um dos lindos cartões-postais da Ilha com uma belíssima vista para a Baía de São Marcos.

Como eu morava próximo ao centro, era comum ir caminhando com um grupo de amigos até a praça para andar de patins. Certo dia, entretanto, desci a minha rua a caminho da praça, calcei logo os patins e fui entre as calçadas esburacadas e avenidas movimentadas até encontrar um amigo de bicicleta, que me ofereceu para segurar na garupa e ir "bem tranquila", sem nenhum esforço, até à praça.

Aceitei com aquela certeza que se tem, quando se está com 15 ou 16 anos, de que nada de mal aconteceria. Mas não demorou nem dez minutos para uma pedrinha travar as rodas dos patins e eu cair. Com as mãos seguras na garupa, fui arrastada por poucos metros, mas o suficiente para esfolar a pele dos meus joelhos no asfalto. Doeu, doeu muito, ainda mais porque precisaria encontrar uma boa justificativa para chegar em casa naquele estado.

Pensei em não contar para ninguém, mas, como mal podia caminhar e a pele parecia abrir a cada passo, desisti logo da ideia. Minha mãe lavou com água e sabão, depois, obviamente, de passar aquele sermão, que doeu tanto quanto o machucado, secou e eu quase desmaiava de dor durante o processo! Ela dizia, porém, que aquilo era necessário para a cicatrização, senão ia demorar muito para o corpo reagir, e o tempo até que eu voltasse a andar de patins seria maior. E foi bem assim, todo dia doía na hora do curativo, mas a cada dia doía menos. Até que a ferida se fechou, deixando apenas uma cicatriz, que me lembrava que era melhor ir andando até a praça e patinar somente lá. Essa é a história das cicatrizes que eu tinha nos joelhos.

═══════

Acredito que a maioria das pessoas já passou por uma situação parecida e carrega alguma marca ou cicatriz, ou lembra de ter sofrido com o líquido marrom-avermelhado ardido do remédio famoso da época, mas que tratou o ferimento e não deixou que ele expandisse a ponto de se tornar uma infecção e alcançar outras áreas do corpo.

Para ser sincera, tenho várias marcas no meu corpo, todas cicatrizadas, e quando olho para elas, lembro que algumas precisaram de cirurgia, outras de pontos... outras ainda demoraram a fechar, mesmo com todos os curativos.

Imagina se, numa das feridas, eu não realizasse o tratamento! A probabilidade de uma infecção seria enorme. O machucado poderia até criar uma casquinha, mas, embaixo dela, estaria um terreno propício à proliferação de bactérias. Porém, são bem comuns os pequenos ferimentos, como um corte na ponta do dedo, bem superficial, que podem acontecer ao descascar uma laranja, por exemplo. Quem nunca? Com esses, deixamos o corpo reagir, trabalhar pela cicatrização, e, não demorava muito, estava tudo fechado, sem nenhum sinal de que já houvera uma lesão ali.

Geralmente, apenas os machucados mais profundos deixam marcas no corpo. Se eu tocar em algumas dessas cicatrizes, não sinto nenhuma dor, porque de fato estão cicatrizadas. Até lembro como foi o ferimento, o processo de cicatrização... mas passou, é só uma lembrança, que não me causa nenhum tipo de dor ou incômodo quando vejo ou toco. Foram curadas no meu corpo e trabalhadas em minha mente a ponto de, hoje, compreender que elas contam muito da minha história e me fazem perceber o tamanho da minha caminhada.

Mas, de fato, depende muito de como a história de cada um foi processada ou de que forma foi trabalhada dentro de si. As cicatrizes que ficaram no meu corpo depois do acidente não me incomodam, tudo depende de cada um e achei engraçado que, mesmo as cicatrizes sendo minhas, já aconteceu de incomodarem outras pessoas.

Vou contar uma história para ilustrar o que digo: certo dia, fui a um dermatologista para tratar a pele do meu rosto, expliquei o que queria, ele sugeriu o procedimento mais adequado e assim foi, até que, durante a aplicação do tratamento, ele parou, olhou para as cicatrizes que tenho na perna e afirmou que poderia melhorar em muito a aparência, aplicando determinados produtos no local e se propôs a realizar o procedimento. Notadamente, entendi que, para ele, aquelas cicatrizes não se enquadravam em seu conceito de beleza. Agradeci a preocupação, mas disse que o que me incomodava era só o rosto mesmo. Certamente, a própria relação que ele tinha com suas marcas e feridas o fez querer ser proativo e resolver logo o meu "problema", oferecendo solução para algo que ele não sabia se era, de fato, um problema para mim.

E que de fato não é. Como também não seria errado se eu quisesse fazer alguma coisa para amenizar, desde que fosse um incômodo para mim. Seria bom se ele, o médico, ou nós mesmos nos perguntássemos: por que determinadas falas ou ações de outras pessoas podem nos aborrecer?

Qual é o reflexo que isso tem dentro de cada um de nós a ponto de nos aborrecer tanto?

Isso me faz refletir sobre as cicatrizes que tenho na alma, na mente. Assim como no corpo, foram danos que precisaram ser tratados para que hoje eu os chame assim, de "cicatrizes", e não mais de feridas.

> A maior diferença que vejo entre machucados do corpo e da alma está no processo de cura.

Seja por serem perceptíveis ou palpáveis, os machucados do corpo são tratados com maior rapidez e urgência. Como os da mente não são "vistos", e muitas vezes pela dificuldade do enfrentamento causado pelo sentimento de culpa, vergonha ou por preconceito mesmo, demorei muito mais tempo para buscar ajuda e entender que isso não era frescura ou fraqueza.

Na verdade, enquanto tentava, mesmo de forma inconsciente, recuperar o que não podia ser recuperado, as feridas doíam. Quando entendi o processo que acontecia na minha mente, quando me enxerguei e vi que diante da amputação ou das fraturas que adquir eu não tinha nenhum poder, doeu, mas ficou mais fácil.

Eu possuía um fato, algo incontestável, nada que eu fizesse poderia desaparecer com as consequências do acidente. Era dali para a frente, e a forma com que eu conduziria determinaria em muito toda a vida que eu ainda iria viver. Era uma ação importante para o meu corpo e a minha vida por completo, pois as feridas emocionais poderiam contaminar, expandir e alcançar outras áreas tão boas na minha vida — exatamente como em Gálatas 5, "basta um pouco de fermento para levedar toda a massa". É simples assim: uma mágoa, ressentimento ou sapo engolido, se não resolvido, pode levedar e tornar-se maior que o original, afetando não somente a área ferida, mas todos os aspectos da sua vida.

É necessário entender que não temos poder de ação e controle sobre determinadas coisas que acontecem em nossa vida; precisamos admitir nossa vulnerabilidade. É um passo fundamental para a jornada a ser percorrida. No meu caso, entendi que precisava mesmo era recuperar minha identidade, reafirmar para mim mesma o meu valor, a minha essência e que as feridas, as marcas e a deficiência não poderiam definir ou delimitar minha história.

Vale lembrar que alguns machucados podem ser cicatrizados simplesmente deixando o corpo reagir por si só, enquanto na mente isso não é possível. Não adianta fingir que o incômodo não existe, colocar debaixo do tapete e achar que vai se resolver sozinho. No campo da mente, o processo é inverso, pois, à medida que o tempo passa e a ferida fica sem tratamento, a probabilidade de se tornar maior do que de fato é só aumenta. Outros machucados vão aparecer e se acomodar ao lado daqueles que já existem, tomando proporções que normalmente não teriam se fossem expostos, tratados, pois, enquanto tivermos vida, teremos dias bons e dias ruins, dissentimentos ou decepções, alegrias, surpresas, enfim, "dias de luta e dias de glória…".

Não existe vida perfeita e sem problemas, ou este seria um mundo acinzentado, com pessoas apáticas, desmotivadas e tristes. A questão é o que faremos com as marcas que o dia a dia vai nos impondo, uma vez que não temos controle sobre tudo ou todos; na verdade, é provável que não tenhamos controle algum, mas a reação ao ocorrido é que fará toda a diferença no processo ou não da cicatrização.

> Por muito tempo enxerguei o mundo e a minha própria vida com lente de aumento, focando o que me faltava ou me machucava, pois as feridas não permitiam olhar tudo o mais que sempre tive e que nunca perdi.

Ainda que seja difícil, crescemos, nos tornamos pessoas melhores e mais resilientes, conforme passamos por tempestades, e resistimos, acreditando que a bonança sempre chega.

Quando a tempestade chega e não busco por culpados, nem espero que apareçam pessoas para limpar minha casa ou minha vida, depois que o aguaceiro passa, e entendo que sou a responsável por todas as coisas que acontecem na minha vida, me torno mais forte, deixo de ser vítima e passo a ocupar o posto de capitã do meu próprio barco. Sou capaz de sarar e de estabelecer até que momento pessoas ou fatos irão interferir na minha vida, inicio um processo de cura das minhas feridas. Quando entendo que o caos pode me paralisar por um tempo, mas busco ajuda para a cura, evito que ele ocupe o maior e melhor espaço na minha vida.

Está dentro de cada um de nós a capacidade de cura e, para despertá-la, às vezes precisamos de ajuda. Já parou para pensar que aquilo que pode te acompanhar e incomodar por tanto tempo pode ser resolvido por você mesmo? Não precisa de momento ideal, alinhamento dos planetas, dinheiro extra, mudanças comportamentais de outras pessoas, culpados ou clima. É simples assim, será eu e será você que iremos determinar a qualidade da vida que queremos ter.

É como diz a bela Clarice Lispector: "depois de certo tempo cada um *é responsável pela cara que tem*".

Isso não é uma apologia ao sofrimento em si, ou achar que não precisamos uns dos outros, longe de mim! Mas o *start*, o início, que liga o motor de partida, meu caro leitor, é cada um de nós.

Porém, quando o enfrentamos, é como se abrisse um caminho para a água que estava represada escorrer, permitindo haver outra perspectiva diante das feridas abertas. Deixamos de olhar tudo com lente de aumento e aquele desafeto ou dor que encontramos no dia passa a ser só isso, um desafeto, uma dor, não alterando a rota das nossas vidas.

Aquele ditado que diz que o tempo cura tudo nunca funcionou para mim, e isso me deixava mal, porque eu questionava: *quanto mais de tempo será necessário para isso desaparecer de vez*. Não desaparece. Não importa se passaram cinco, dez ou vinte anos. Se ainda incomoda, lateja ou dói dentro de nós, meu caro leitor, ainda não é cicatriz. A ferida ainda está aberta, não importa o tempo que passou, ela ainda precisa de cuidados básicos, mas fundamentais.

> Se a ferida for tratada, ela deixará de ser um machucado, um trauma, e pode se tornar o "pilar", a "estrutura" que sustenta e dá direção para a construção de toda uma vida.

Feridas maltratadas fazem com que emoções, sentimentos e escolhas geralmente tomem um rumo contrário ao que de fato se deseja. Por isso é tão importante enfrentar, resolver e buscar por ajuda. É necessário sair desse estágio de inércia.

ERA UMA VEZ...

Somente quando me permiti e me submeti a enfrentar os "curativos", a limpeza, quando ressignifiquei e olhei sob novas perspectivas, de fato me curei e a dor passou, deixando somente as marcas. Minha identidade como pessoa, como mulher e como ser humano foi fortalecida.

As marcas não desapareceram! Lembro de cada uma delas, mas tornaram-se uma lembrança, um acontecimento, perdendo o *status* de ser o fato que define a minha vida por completo para ser uma parte da minha vida. Esse pode ser um processo doloroso, como doía no corpo também, mas é recompensador e gratificante ver as cicatrizes e ser capaz de falar delas e afirmar que "sim, é possível". Pode não ser um caminho fácil, mas, ao final de cada dia, será muito melhor do que ter a sensação de ferida coberta, suja, cheia de bactérias querendo alcançar outras áreas da vida. É um processo libertador!

No fim das contas, porém, essa é uma opção. Eu sei qual vida desejo viver a cada dia e nela não cabe um "fardo" maior do que realmente é. Esse é, provavelmente, o motivo pelo qual decidi escrever este livro: contar minha história e levar a esperança das possibilidades que temos todos os dias, de cuidar do nosso corpo, da nossa mente e do nosso espírito, de viver uma vida mais leve e digna. De dizer que o tempo cronológico não vai curar as feridas emocionais se você as tiver. E também de encorajá-lo, leitor ou leitora, a encontrar a porta de "saída" de seu próprio lugar cinzento e enxergar o horizonte que talvez ainda não esteja visível para você.

> Eu amo cada uma das marcas que carrego no meu corpo e na minha mente. Elas contam muito de minha vida, me fazem lembrar de onde vim e vê-las cicatrizadas ou em processo é de uma alegria indescritível.

Olhar para elas significa que consegui superar aquilo que me machucava, causava dor e me fazia olhar para minha vida e ver somente a ferida. Hoje, lembro dos traumas, mas enxergo todo o caminho que percorri — que é muito maior que a ferida em si e me faz sentir capaz de enfrentar com um novo olhar os desafios que encontro no dia a dia.

É importante cuidar de si mesmo, evitar comparações com a vida aparentemente perfeita e equilibrada de outras pessoas. Cada indivíduo tem suas próprias lesões ou carrega as marcas dos perrengues que enfrentou. É preciso entender o que dói, descrever, compreender por que incomoda tanto, se perdoar pelas escolhas que nos levaram para esse lugar. Hoje, podemos tomar novas decisões e caminhar, um passo por vez, na direção de uma nova vida. Tenho certeza de que não sou o único ser nesta Terra que se machucou ou feriu o corpo ou a alma. Isso faz parte das nossas histórias, mas a decisão da cura, de sair desse lugar confortável, mas ruim, cabe a cada um de nós.

A vida é preciosa demais para ser vivida de qualquer jeito; então, busquemos por perdão, por reconciliação com a nossa própria história. Se houver alguma divergência, olhemos no espelho e vejamos tudo o que temos, é importante tirar o holofote do que nos falta.

Pode não ser fácil no começo, mas fazer uma lista do que possuímos e depois ler e reler, até acordar a nossa percepção de que somos muito mais do que as ausências que pensamos ser ou ter, é uma prática que muito me ajudou. Somos únicos, exclusivos, capazes de amar, respeitar e ter compaixão.

═══ VOU DESABAFAR! ═══

Depois que amputei a perna, passei por um período em que tinha dificuldade de enfrentar espelhos de corpo inteiro, porque, quando me encarava em um, só enxergava a falta, a deficiência e a desconfiguração do meu corpo. Precisei me tratar e enfrentar esse medo, treinar a olhar para mim e tecer elogios, citando tudo de melhor que eu tinha. Era horrível fazer isso no início, soava como falsidade, mas sabia ser necessário desconstruir a "verdade" mentirosa de perfeição que carregava em mim.

O processo pode não ser o melhor, mas certamente vai te levar para um lugar de descanso, de paz consigo mesmo.

Atualmente, tenho muito orgulho do que vejo quando passo por um espelho grande. Vejo-me inteira e completa, não consigo mais ficar pensando como seria se ainda tivesse a perna. Hoje, não me vejo mais com ela, sou muito amiga e grata pela prótese que possuo e admiro muito a mulher que me torno a cada dia. O futuro, afinal de contas, também define meu passado pelo caminho...

VOCÊ É PARTE DE MIM!

Todos já ouvimos que as pessoas são essencialmente boas, mas, depois de um tempo, descobrimos que as coisas não são exatamente dessa forma, porque o ser humano é naturalmente cheio de falhas. Só que tivemos a sorte de encontrar no nosso caminho uma pessoa que se destaca no quesito bondade e que é essencialmente generosa em sua natureza, inspira e expira amor.

Difícil colocar em palavras tudo aquilo que ela representa, mas, para nós, que convivemos tantos dias ao seu lado, algumas coisas ficam bem evidentes.

Leila é inspiração, é amorosa, resiliente, forte, inteligente, batalhadora e justa. É abraço que aperta e que deixa ir, é colo que acolhe, mas sabe também o limite de uma boa conversa, é pura empatia, é entrega sem esperar nada em troca, é serenidade no olhar.

Na sua doação incondicional, projeta sua luz em nossas dores e medos, iluminando os caminhos e nos tornando mais confiantes, mesmo que ela não reconheça sua contribuição nos nossos processos individuais de aprimoramento. Traz na sua simplicidade um porto seguro. Com sua empatia, um auxílio genuíno sem julgamentos ou expectativas.

É gigante, mesmo sendo baixinha. É fortaleza, mesmo parecendo frágil à primeira vista. É força motora por seu exemplo! Nos inspira, motiva, encoraja e apoia, simplesmente por existir!

Se as pessoas nascessem mais tipo "Leila", aprenderiam que a vida é linda e tem sempre mais para melhorar, aprenderiam sobre a força interna que possuem, reclamariam menos, seriam mais completas, menos complexas e teriam sorrisos largos para distribuir.

Agradecemos a oportunidade de ter convivido com Leila ao longo desses anos. Será sempre parte de nossa equipe e suas contribuições ficam gravadas na história de sucesso de nossa construção coletiva!

Grazy Prego, Fernanda Seroa e Diogo Wilians,
amigos de trabalho da Caixa Seguridade.

CAPÍTULO 7

A MEMÓRIA NÃO ESTACIONA NO PASSADO

As memórias cooperam na recuperação e no recomeço.

"Quero trazer à memória o que pode dar esperança."

(Lamentações 3:21)

Nossa cabeça funciona de forma bem simples, mas, ao mesmo tempo, com uma profundidade enorme. O cérebro gosta de economizar energia. Se já houver um padrão conhecido para determinado tipo de acontecimento ou situação, ele tende a simplesmente repeti-lo. E isso é para tudo que eu e você vamos fazer, seja andar de bicicleta ou mesmo tomar uma decisão. As escolhas definem em muito a vida que levamos, e elas são definidas, em parte, pelas memórias que armazenamos em "caixinhas", as experiências que vivemos e as emoções que tivemos na vida, diante das circunstâncias que nos foram apresentadas.

O cérebro liga um alerta sempre que estamos diante de um acontecimento não conhecido e busca uma maneira de reagir para evitar desconforto. É como se ele pesquisasse nas "caixinhas", guardadas em nosso subconsciente, quais os sentimentos que tivemos diante de fatos semelhantes para que ajamos praticamente da mesma forma que fizemos anteriormente, a fim de nos proteger de determinada dor, por exemplo, e essa reação interfere diretamente no desempenho da nossa vida.

Não importa se eu lembro ou se não lembro, as memórias estão lá e, de forma consciente ou não, me fazem avançar, acreditar em mim, me amar, respeitar, assim como podem me fazer retroceder, sentir-me fracassada, paralisada.

Durante bastante tempo em minha vida, tive muitos medos: de não ser aceita, de não ser absolutamente perfeita em tudo que fizesse etc. Na verdade, era uma grande questão de insegurança. A partir do momento em que identifiquei isso, trabalhei com propósito definido a fim de me livrar de muitas dessas memórias, que me faziam acreditar que eu estava fadada a ser insegura.

No livro *Abandono e afeto andam de mãos dadas*, a autora Rose Lira fala que *"nem toda imagem que carregamos na mente corresponde à realidade dos fatos"*, isto é, posso ter memórias que de fato são reais, mas tenho também memórias que não existiram exatamente da forma como as pintei na mente. Foi apenas a minha percepção dos fatos, o meu olhar diante do ocorrido e, sendo ou não reais, interferem no meu modo de viver.

Isso me fez perceber claramente que tenho muitas memórias que foram captadas por um olho míope, mas que, ainda assim, estiveram comigo até o dia de hoje e definiram todas as minhas ações. É exatamente como ouvi numa palestra de Camila Vieira: Tudo que você vive hoje é fruto do que acredita sobre o seu valor, pela combinação de todas as experiências que viveu na sua vida. Se você lembra ou não, as memórias não se apagam, elas estão todas aí e definem hoje a vida que vive". E é simples desse jeito mesmo! Entretanto, ao tomar consciência disso e tendo ferramentas que me ajudem, posso remodelar minhas memórias.

> Posso fazer a escolha de permanecer da forma que estou ou buscar construir dia após dia novas memórias.

É nesse ponto que se inicia uma verdadeira batalha na mente, porque construir um novo significado para determinados fatos requer consistência, foco e disciplina, e o cérebro vai reagir para não gastar energia, permanecendo o máximo que puder num lugar seguro, no modo economia de bateria, livre de ameaças, ainda que isso esteja custando o ser feliz, realizado, se sentir pertencente. A questão é ter clareza do quanto desejo experimentar outra forma de viver. O estado atual que vivo me faz bem ou me incomoda?

É uma decisão exclusivamente pessoal e intransferível. É por isso que a memória, a história da vida de cada um, permanece conosco e nos acompanha no dia a dia, determinando se iremos mais longe ou impondo limites baseados em experiências anteriores.

Eu ansiava por uma mente mais tranquila, por pensamentos menos agitados e mais positivos. Estava literalmente exausta dos enredos assustadores que criava nas madrugadas e que me causavam tanto medo e instabilidade durante todo o dia, de tão reais que me pareciam. Era um adoecimento grande, mas que eu entendia na época como a forma "real" de viver, quase sem esperança. Quem enfrentou uma situação assim talvez consiga entender melhor o que digo. O mais estranho era que isso me provocava uma vergonha enorme, e onde já se viu ter vergonha por estar doente?

Porém, a "mochila" na qual eu colocava essa vergonha pesou tanto que eu não conseguia mais carregar, e foi aí que procurei ajuda. Precisava muito desabafar e ter paz, sossego mental. Era só isso que eu queria, mas acabei encontrando muito mais.

> Fui me permitindo ser frágil, sincera comigo mesma, tirando peça por peça, tudo que me cobria e me aprisionava em mim. Me despi algumas vezes, não foi de repente, foi um processo de desconstrução, de limpeza do entulho e construção de novo alicerce para edificar novas paredes em minha mente.

Se foi fácil? Nem um pouco, mas não desejei nem por um dia abandonar o processo, porque sabia que precisava encarar a Leila que eu havia engessado e deixar vir à tona a pessoa que de fato eu sou.

Algumas vezes realizava ações mecanicamente, sem acreditar mesmo, mas ainda assim as fazia, porque encontrava no processo de ajuda a luz e um caminho que desatou muitos nós.

Sabendo disso, passei a ter maior percepção de mim mesma. Entendi que mesmo os lugares mais confortáveis nem sempre me faziam bem e, após deixá-los, eu precisava abraçar o novo para não me submeter a eles novamente.

Como diz no livro de Isaías: "Eis que realizo uma nova obra, que já está para acontecer. Não percebestes ainda". Largar o passado e as memórias que não me faziam bem foi difícil também, por mais estranho que possa parecer. É trabalhoso renunciar ao que conhecemos para experimentar o inexplorado. Era esse o estilo de vida que eu conhecia; apesar de ser desconfortável, estava habituada a ele.

> É muito comum, no processo de adoecimento, querer achar culpados por isto ou por aquilo de ruim que está acontecendo em nossas vidas, mas a consciência de que somos responsáveis pela nossa vida, nos deixa sem "saída", pois está nas nossas mãos, e não no que aconteceu, a possibilidade de mudança. Precisamos ter consciência do quanto de fato desejamos e estamos dispostos a enfrentar o processo e sair do estado de adoecimento.

A verdade pode ser dolorida, desafiadora, mas, acredite: é também libertadora. Quando você a experimenta, não tem como voltar atrás.

Decidi que queria fazer muitas coisas novas, guiar minha história por um rumo bem diferente do que até então eu conhecia. Quis ver o novo. Eu precisava ter essa experiência e provar para mim mesma que, sim, a vida pode ser renovada a cada manhã, mesmo que eu, e minha antiga natureza, tentasse, da forma mais "delicada", impedir. Eu convenci a mim mesma, pois precisava acreditar numa nova verdade, e a construí com muito esforço e prazer inigualável, pois vivenciei a minha nova vida de forma muito concreta.

Não digo que hoje tenho uma vida perfeita ou completa. Ainda tenho muito a fazer e crescer como pessoa, mas com a esperança de que posso melhorar e alcançar aquilo que desejar com todo meu coração e mente. Tenho convicção, sobretudo, de que meu passado não pode definir meu presente ou futuro.

É o meu atual momento que define minha vida presente e o meu futuro. Eu não posso carregar aquilo que não foi bom do passado e condicionar para todas as oportunidades que a vida me der. Posso até lembrar das dificuldades, erros, fracassos, mas não necessariamente preciso repeti-los, posso me atrever a novas ações, entendendo que consigo mudar e ajustar a rota da minha vida através de outras perspectivas.

A minha e a sua vida não estão estigmatizadas, rotuladas, podemos fazer novas coisas, inclusive e, sobretudo, por meio de uma nova forma de olhar.

Veja só você: a cada manhã, tenho um universo de possibilidades, posso decidir cada uma das formas, ações e atitudes que tomarei diante de cada acontecimento. Não posso dizer que consigo lembrar do momento exato em que decidi que precisava continuar perseverando. Mas um inconformismo tomou conta, era difícil aceitar as barreiras e não as enfrentar; na verdade, estava exausta de mim mesma e decidi que precisava acreditar mais em mim e na minha capacidade de transformar minha própria mente e entendimento.

Você pode me questionar como eu fiz isso, e te respondo que foi entendendo o meu próprio funcionamento, com ajuda profissional, recebendo orientação e treinando. À medida que consegui desconstruir uma mentira que parecia ser verdadeira, por exemplo, entendi que poderia expandir esse processo para as demais áreas da minha vida. Certa vez, confessei a uma pessoa que acreditava de forma concreta que era uma aberração se usasse uma roupa mais curta, com a prótese à vista. Isso era uma mentira, mas que, na minha cabeça, parecia ser verdade. Como consegui superar uma mentira "real"em minha mente, passei a encarar de frente a próxima barreira que precisava transpor, e estou nesse processo de transformação, vivendo um dia de cada vez. Tudo começou por um desejo real de sair logo daquele estágio em que me encontrava.

Isso não significa que acertei em todas as decisões. Algumas, inclusive já expostas aqui, me tiraram do *front*, mas por um preço bem caro. Esse é um processo que dá frutos em tempos distintos para cada um. Não é fácil, mas é absolutamente possível — essa é a mensagem que quero deixar.

Existiam muitas coisas na minha vida que precisavam ser concluídas, ciclos a serem fechados. Não foi fácil deixar a Leila do passado para trás, mas era necessário. Não foi confortável colocar uma perna mecânica, mancar, desequilibrar a cada passo e ir do amor à raiva num segundo. Ainda assim, encarar a verdade do fato e me permitir enxergar que a prótese foi e é minha melhor opção de locomoção, me fez viver a vida numa leveza sem tamanho. Dou graças a Deus por isso.

> A necessidade e o desejo de andar foram os motivadores para minhas escolhas.

Penso que, de fato, tudo depende do que queremos para nossas vidas, aonde queremos chegar. Tenho amigas que optaram por não usar prótese, e tudo bem. Elas desenvolveram a habilidade de trabalhar, fazer mercado, passear no parque e se divertir, sair na noite com muletas. São felizes e vivem dentro daquilo que desejam da vida.

ERA UMA VEZ...

Aliás, eu precisei de muito treino para conseguir andar de muletas. Mas, de novo, tudo bem! Existem inúmeras possibilidades diante de uma barreira, o que preciso saber é se aqui é o lugar que desejo chegar ou se almejo ir um pouco mais adiante.

Se decidir ficar aqui, quero fazer isso por opção, e não por achar que não tenho mais alternativa, por medo. Não aceite algo somente por acreditar que não há outro jeito. Ousar experimentar, dar um passo a mais, persistir e deixar a vida e Deus te surpreenderem.

VOU DESABAFAR!

Passei um tempo em minha vida com o sentimento de vazio; outras vezes, tristeza, e depois, alegria. Era um movimento constante e eu estava cansada, exausta, louca para dar um basta. Mas, todas as vezes que estava no alto da ladeira emocional, conseguia ver a vida de outra forma. O ar era mais arejado, e dali podia avistar muitas perspectivas que, quando eu estava lá embaixo, ficavam fora do alcance da minha visão. Logo, aquele lugar que me servia apenas de desabafo passou a me dar um norte, um novo caminho, descortinando a verdade para mim mesma e me oferecendo a possibilidade de escolher e experimentar de forma real uma vida muito mais leve e menos fatalista.

Quando fiquei mais fortalecida com esse processo, comecei a compartilhar minha trajetória com algumas pessoas. Até que fui incentivada a estar aqui, escrevendo estas histórias. E desejo muito que este livro possa alimentar em alguém a esperança de que precisa para sair do "lugar quentinho" — e ruim — no qual se encontra, percebendo que há possibilidade de mudança de rumo, de viver a vida abundante que Deus reservou para cada serzinho que existe na face da Terra.

Não posso guardar o que vivi e tenho vivido somente para mim, até porque a mudança que ocorreu em mim — e busco a cada manhã continuar nessa jornada — mudou e melhorou a vida de todos os que me cercam. Vivo assim, sempre recomeçando.

VOCÊS SÃO PARTE DE MIM!

Eu e Leila Hadad somos amigas há uns 35 anos. Nesse tempo, tive o prazer de conhecer várias Leilas. Na verdade, creio que elas já existiam, mas uma delas estava contida.

A primeira versão era a Leila sensível, menina, frágil, meiga, carente. Na minha ingenuidade, eu achava que a minha amiga fosse só isso, mas as reviravoltas da vida exigiram dela coragem e determinação, apesar das diversas dimensões de dores que vivia, entre as quais a dor fantasma. Firmemente, demonstrou isso ao chegar no aeroporto Cunha Machado, em São Luís, em cadeira de rodas e vestida de macaquinho jeans, tendo à mostra o coto da sua perna amputada. Ali, naquele momento, a essência de Leila apareceu. Eu sou testemunha disso. E, digo mais, ela não deixou de ser ternura, apenas deu passagem ao seu lado valente e forte. Ela tornou-se águia e hoje voa alto! Obrigada por tudo e por tanto, Leilinha.

Rogo a Deus todos os dias para que Ele a ilumine e guarde. Leila Hadad é, para mim, uma das irmãs que Deus colocou no meu caminho. Que benção. Que honra, minha irmã, te ter na minha vida. Te guardo lá no fundo do meu coração!

Isabel Cândida, amiga, jornalista, servidora pública do TJ/MA.

―――――

Superar significa triunfar, vencer, ir além dos limites. Leila é uma amiga muito especial. Somos amigas desde a infância, éramos vizinhas, e nossa amizade foi crescendo e amadurecendo conosco. Estudamos na mesma escola e depois na Universidade Federal do Maranhão.

Aos 23 anos, Leila sofreu um acidente e precisou amputar uma das pernas, um momento muito triste e dramático para ela, sua família e todos seus amigos. E Leila soube vivenciar a tragédia sem perder a doçura e a alegria que lhe são peculiares, viveu cada situação do tratamento e da reabilitação com muita coragem, disposição e fé.

Uma mulher de superação: Leila não quis ser vítima, e tampouco sobrevivente, mas soube viver sua nova vida, uma nova oportunidade, identificando e aprendendo novas formas de mobilidade e de tudo o que isso repercute no corpo, na mente e em tudo o mais. Tornou-se uma mulher vitoriosa, generosa que, agora, compartilha sua história com todos. Leila, minha querida irmã em Cristo, você é inspiradora e impacta a minha vida positivamente.

Que o Senhor continue abençoando sua preciosa vida. Te amo!

**Rosely Vieira, consultora de imagem
e mentora de mulheres cristãs.**

CAPÍTULO 8

RECOMEÇAR É ONDE ESTOU AGORA...

A vida é composta de escolhas, imprevistos e recomeços.

*"Há um tempo em que é preciso
abandonar as roupas usadas,
que já têm a forma do nosso corpo,
e esquecer os nossos caminhos,
que nos levam sempre aos mesmos
lugares. É o tempo da travessia;
e, se não ousarmos fazê-la, teremos
ficado, para sempre, à margem
de nós mesmos."*

(Fernando Pessoa)

Confesso que escrever este livro não foi uma tarefa fácil. Foram inúmeros os dias em que pensei em abandonar o projeto, deixar pra lá, pois achava que não era para mim. Entretanto, em todos esses momentos, pude identificar os processos de uma *antiga Leila* que insistia em querer andar comigo, cheia de artimanhas, de autossabotagem. Alguém a quem eu estava habituada a ceder, parando projetos e sonhos, porque lá no íntimo ela dizia para mim: *o que você está fazendo? Isso não é para ti*. Ouvir essa voz faz com que eu diminua meu amor-próprio, autovalor e autorrespeito.

Como passei a compreender esse processo, não admitia mais aceitá-lo. Hoje, observo e penso a respeito do que me motiva a desistir de um projeto, por exemplo. Preciso manter esse alerta, pois, por muito tempo, era essa prática que me paralisava ou fazia minhas realizações não se concretizarem — algo nocivo para mim mesma. Mas era a minha forma de viver. Eu não precisava de nada externo para desistir, já caminhava sabendo que não concluiria o que quer que fosse e encontraria boas justificativas para ficar "bem" comigo mesma.

Essa era minha atitude de costume. Entretanto, enquanto os comportamentos e as ações que de fato me permitem andar para a frente, na direção da realização interna, não forem intrínsecos, é melhor manter o alerta, evitando retrocessos. Executo projetos para que a antiga Leila saiba que posso realizá-los, mesmo que tenha inúmeras justificativas para possivelmente deixar pra lá. É necessário manter a vigília e pensar sobre o que se pensa.

Como tudo que é preciso na vida, tais processos não acontecem de repente. Eles progridem em partes, um pouco a cada dia, até que, quando você vê, já andou, avançou e venceu uma batalha interna.

> Eu sabia que ceder à minha antiga
> natureza seria como traçar um caminho
> para voltar ao lugar que não desejo.

Queria simplesmente sair, arejar, experimentar algo diferente do que vivia. Desejava transformar a bagunça e o caos em algo proveitoso. E este livro é uma parte do resultado desse percurso, das ações que decidi tomar em busca de novas experiências.

Essa é uma estrada sem retorno, se assim permitirmos. Quando se experimenta a sensação de transformação, passa-se a desejar mais, outra, e mais outra vez.

Por algum tempo, usei muito a condicionante "se" para pensar: *e se não tivesse acontecido* ou *e se tivesse feito outra opção, e se não tivesse ido* ou *e se tivesse ficado.* Assim, decidi experimentar a mesma condicionante colocando-a em prática: *"se eu for"* — e fui; *"se der certo"* — e decidi arriscar; e, ainda," *"e se me fizer bem, mesmo ainda não conhecendo"* — e experimentei. Quis vivenciar aquilo que era muito diferente do habitual para mim.

Isso gerou estranheza para algumas pessoas e, no início, também para mim. Percebi que para alguns era mais fácil conviver com minha antiga Leila, mas a cada atitude ou ação eu me amava mais e mais como sou verdadeiramente. Não é que eu tenha dupla personalidade, apenas mergulhei num processo de aceitação pessoal, de respeito comigo mesma, sei dizer "não" e sei dizer "sim", não por conveniência, mas por entender que é normal não aceitar ou concordar com tudo. Decidi me expor, porque não tenho mais vergonha da minha história de vida. Tenho coragem de me despir, trazer à tona tantos sentimentos que, como uma nudez, um dia já me envergonharam. E, à medida que ousei, foi como se uma porta se abrisse, dando acesso a novos espaços, a passagens para outros lugares e paisagens, menos cinzentas e mais cheias de cores. Tudo sempre esteve e continua disponível, porque vem da fonte inesgotável do Criador para cada um de nós.

É literalmente como dar um basta na sua velha natureza, deixando florescer a sua essência. Limpar a poeira do espelho e enxergar finalmente de forma límpida. É tomar as rédeas da sua própria vida e mudar para uma nova direção. O espelho que antes eu temia, agora eu abraço.

Não falo de grandes mudanças que podem ser insustentáveis se não houver um bom alicerce, mas falo das mais sutis, de pequenos cuidados, de não abusar de si mesmo. Ações que de fato proporcionam bem-estar, como fazer algo de mim para mim mesma.

> São as pequenas ações somadas que geram a transformação desejada.

ERA UMA VEZ...

No início é bem estranho, mas é bom. Encontrei comigo mesma, entendendo que tudo que aconteceu no decorrer da minha jornada faz parte de quem eu sou, mas que minha vida não era mais a mesma. Me refiro a todas as coisas, as boas e as difíceis, com que me deparei. Nenhuma delas resume minha vida, mas fazem parte dela.

Busquei colocar em prática pequenas mudanças, algumas mecânicas mesmo, até que se tornassem naturais como reflexos. É como andar de bicicleta ou dirigir um carro pela primeira vez: no início, pensamos em cada movimento, mas com o tempo e a prática, simplesmente subimos, pedalamos ou passamos de marcha sem pensar duas vezes antes de ganhar a rua.

Acredito que as grandes mudanças acontecem após vivenciarmos os momentos mais difíceis, porque são eles que provocam maiores reflexões e, consequentemente, maior autoconhecimento. A experiência vivenciada na dor pode despertar uma reação que não conheceríamos se não tivéssemos passado por ela.

> A forma como se reage à dor ou ao sofrimento define muito a escolha da vida que queremos ter.

Fica, então, a pergunta: como se deve reagir a um período difícil?

Pelo que eu vivi, afirmo que é necessário respeitar cada etapa: a dor da sua perda, do fracasso, do luto para seguir em frente, tendo consciência de que não é saudável pular ou estagnar em nenhuma etapa.

Só cheguei até aqui quando compreendi que não podia apressar o tempo das coisas e deixei ir a vida que não queria ter largado, a perna que não queria ter perdido, o amigo tão jovem que se foi.

Mesmo não sendo essa minha vontade, entendi que era necessário, porque não voltaria mais a viver da mesma maneira de antes. E viver *meio lá, meio cá* não pode ser bom.

> Quando o passado se torna mais presente que o próprio presente, ele exclui a possibilidade de um futuro.
> Eu quero e vivo o meu presente, dou um passo e sei que estou construindo um bom futuro.

Hoje, admiro muito quem vejo no espelho e acredito que minha travessia tem me proporcionado a possibilidade de me enxergar como uma mulher valente e muito corajosa, que tem muito ainda para aprender, a superar, mas que tem dado passos nessa direção. E isso não me faz privilegiada, guerreira ou mais forte que as demais. De jeito nenhum, isso me faz perceber o quanto sou responsável pela minha vida e que talvez haja a possibilidade de despertar essa mudança de rota em outras pessoas que também estejam presas ao passado, como eu estive.

───

Sempre me intrigou muito a passagem no livro de Eclesiastes que diz: "Melhor é a dor do que o riso, porque com a tristeza no rosto se faz melhor o coração". Talvez você também considere intrigante, mas é no momento do aperreio, quando não se vê saída, que temos a possibilidade de olhar para nosso interior e encontrar nossa própria força, nosso propósito para viver. É quando damos a real importância ao que é verdadeiramente importante, saindo da superficialidade, da aparência, e percebendo o que é essencial. Na dificuldade, elaboramos estratégias para sair da situação, damos passos mais assertivos. Já num momento de festividade, não pensamos nessas questões, porque o ambiente favorece somente o próprio momento, o imediato, o agora.

VOU DESABAFAR!

Quando tirei o fixador da perna direita, coloquei o gesso e pude deixar a cadeira de rodas para usar a prótese. Com isso, ganhei um pouco mais de autonomia, andando com prótese e muletas. O engraçado é que, se tirasse a prótese, não sabia andar só de muletas. Precisei de muita fisioterapia para conseguir realizar esse feito, conquistado apenas dois anos após o acidente. O motivo dessa dificuldade estava na autoaceitação: eu não gostava de me ver sem a prótese, e esse fato me fez demorar mais para aprender o manejo das muletas.

Mas, no final das contas, tudo é uma questão de escolhas. Qual vida quero ter comigo mesma? E você? Eu não queria ser uma companhia infeliz ou amarga para mim e tinha consciência de que não poderia fazer nada para que minha perna crescesse novamente. Não me cabia mais a vida daquela Leila, mas, se eu quisesse, buscasse e perseverasse, encontraria uma versão que poderia ser melhor que a anterior.

> O que podemos fazer diante de uma escolha que o outro fez ou diante de um rompimento ou perda?

Existem, de fato, algumas situações na minha e na sua vida que são imutáveis e, diante delas, o melhor a ser feito é aceitá-las, entender que não temos poder sobre elas, por mais que seja difícil, e que é necessário seguir adiante. Foi quando me expus e encarei meus sentimentos de esperança de voltar à antiga vida, por exemplo, aquelas expectativas paralisadoras, que consegui me libertar e assumir a dor, a fragilidade e a responsabilidade de encontrar saídas, alternativas, novos rumos que me trouxeram até este momento.

Enquanto você cultivar justificativas para não se priorizar, seja por conta dos filhos, do marido, da casa, da carreira ou o que quer que seja, vai continuar com uma vida que não faz bem nem a você, nem àqueles que o cercam.

Acredito que tenho encontrado o caminho, e essa é a minha principal motivação para contar a você, leitor ou leitora, parte da minha história. Sei que não sou a única a ter ficado presa ao passado, a uma emoção, a uma lembrança ou a uma história vivida. Sei também que nem sempre é fácil admitir para nós mesmos que estagnamos. Temos sempre boas justificativas: *o clima não favoreceu* ou *assim que Fulano fizer tal coisa, eu mudo, você não entende o momento que estou vivendo*. Enquanto não nos encaramos e resolvemos nos mexer, seja na chuva ou no sol, não haverá mudança.

> Começar a travessia vale muito a pena. A vida é melhor acontecendo. Foi esse um dos propósitos pelos quais resolvi despir minha alma e experimentar a liberdade de ser eu mesma, com todos os perrengues e todas as alegrias.

Decidi colocar espelhos grandes em algumas partes da minha casa, exatamente para me enxergar e ver a mulher que me tornei, inteira, completa. Comento sobre isso não por arrogância ou por achar que sou melhor que qualquer outro ser nesta Terra, mas para que isso desperte em você que sempre há uma saída. É sempre possível começar outra vez.

Quando deixei de focar somente a amputação, aquilo que me faltava, pude ver tudo o mais que eu tenho.

Anteriormente, comentei que não acreditava na fisioterapia, porque não imaginava que contrair um músculo me colocaria de pé novamente. E sim, somente a contração muscular não me faria andar, mas era uma parte da jornada que precisei percorrer para chegar a esse momento. Também comentei que meus irmãos nunca me colocaram num lugar de vítima ou de incapacidade e, mesmo quando não acreditava que podia, "lembrava do compromisso" que eu tinha com eles e tocava o barco. Algumas vezes, estava cheia de medo, mas era a forma que nós tínhamos de superar e experimentar o novo.

Cada uma dessas ações foi importante para que eu fosse estruturando uma nova forma de viver, e sou imensamente grata a eles, que conseguiram enxergar o que eu não via e me conduziram, da forma como podiam, para um caminho de esperança e construção de uma nova vida.

A vida precisa de movimento, de pausa, mas não de acomodação. A pausa é para relaxar, descansar o corpo e a mente, para recuperar forças. Para entender o momento que se está vivendo e, então, tomar decisões. O movimento é fundamental para colocar em prática as ações que foram pensadas e que contribuirão para sair de um patamar e chegar a outro.

Não me refiro aqui a se movimentar como um esportista — o que é ótimo —, mas sim a ter ações físicas e mentais, que oxigenam tanto o corpo como a mente, fortalecendo crenças de capacidade e proporcionando novas formas de enxergar os problemas, bem como alternativas para não ficar presa a eles.

Sinto-me fortalecida por chegar aqui e expor fatos tão particulares da minha vida, enquanto sei que muitas pessoas vivem outras tantas dificuldades e, assim como eu, têm o potencial para sair de lugares e situações que acreditavam ser impossíveis. É o fato de terem vivido essas experiências que pode despertar nelas o desejo de quererem ir mais longe. E, à medida que a consciência da responsabilidade pessoal é fortalecida, quando se entende que a mudança se inicia dentro de cada um, e não nas pessoas ao redor, o instinto de sobrevivência é acionado e pode-se buscar ajuda para desatar os nós que embaraçam.

Quando percebi que os nós foram desatados, entendi que não precisava viver sempre no "estado de sobrevivência", mas que poderia mudar algumas formas de pensar e agir e, assim, dar passos largos em direções desconhecidas.

Desejo que esta leitura tenha proporcionado a você, leitor, um mergulho dentro de si mesmo e que seja capaz de sinalizar que a vida é boa demais para não ser vivida com a abundância que nos é disponibilizada a cada dia. Que você tenha paz nos seus conflitos e usufrua da liberdade que esse processo proporciona.

VOCÊS SÃO PARTE DE MIM!

Durante a vida, Deus me presenteou com pessoas especiais, que foram me ensinando, sustentando, compartilhando e amando.

Leila foi desses presentes que recebi do céu e tem um lugar especial em mim. Nos conhecemos atuando na diaconia, uma equipe de trabalho em uma igreja. Leila já não tinha a perna, em decorrência do acidente. Lembro que, durante uma conferência de que participamos juntas, a prótese antiga dela soltou e, pelo calor, não conseguia encaixar. Entramos na cabine do banheiro, pensei que seria uma cena constrangedora, mas hoje só lembro das risadas que demos.

Leila é linda. Gente boa, de fala mansa, amorosa, protetora. Com ela, aprendi que não importa a condição que temos, mas a disposição de fazer o que é preciso.

Larissa Grau, mãe de Raika e Maitê, amiga, advogada, servidora do TRT de São Paulo.

Era final de semana, véspera do Dia dos Pais, e acordei porque o telefone não parava de tocar. Márcia, que dividia o apartamento comigo, atendeu, e observei que ela não deixava eu me aproximar. Assim me veio o pensamento de que algo muito sério teria acontecido. O telefone tocava, ela falava com meias palavras e desligava.

Decidi então ligar em casa, em São Luís, mas ninguém atendeu, então liguei para a vizinha, D. Irani, que me contou em detalhes tudo o que havia ocorrido. Entrei em choque, chorava muito e não conseguia me conter com o sofrimento dos meus pais, o meu, dos meus irmãos e, sobretudo, da própria Leila. Me perguntava "por quê"? Por que tanto sofrimento? Nesse estado, conseguimos uma UTI no ar para a vinda de Leila para São Paulo, pois existia a possibilidade de amputar a outra perna, que também estava muito fraturada, praticamente esmagada.

Assim, nos preparamos para a chegada de Leila. A ambulância a esperava no aeroporto e nós, no Hospital das Clínicas. A ambulância chegou e estávamos juntos, com angústia, tristeza, oração e uma dor imensa no peito. Fiquei do lado de fora tentando me controlar, ser mais forte para entrar e falar com ela. Assim aconteceu, entrei e, mal olhei para ela, ela já disse: "Zilda, para de chorar, para mim é como se eu nunca tivesse perna na minha vida, olha pra frente". Ficamos à noite lá e foi horrível ouvir os gritos de dor que vinham da sala onde ela estava sendo atendida. Grosso modo, os médicos procuravam recolocar os ossos da outra perna no lugar correto. E por um tempo foi assim, inúmeras cirurgias, sofrimento, medo...

Mas agradeço a Deus, em primeiro lugar, por tudo, inclusive pelos momentos de dor que passamos. Rogo a Deus pela vida da Leila, que se transformou completamente, mas não perdeu o foco e continuou a olhar para a frente.

Zilda Hadad, irmã amada,
grande amiga, mãe do Bruno.

ONDE E COMO ESTOU EU?

Um dos significados da palavra limite no dicionário é "uma linha que, real ou imaginária, separa um território de outro". Fazendo um paralelo, a mente é o território de cada um e as crenças que carregamos, boas ou não, são os nossos limites.

Assim vou vivendo e, a cada barreira que encontro, reajo de acordo com a crença ou o limite que carrego em mim. Tal contexto está diretamente relacionado com a minha autoconfiança, com a fé de que posso superar, parar ou retroceder diante do obstáculo. Pronto, é assim! Lembro de vários episódios em que achei melhor até ficar quieta, porque enfrentar exigiria de mim uma força e coragem que eu duvidava que tivesse.

Mas de onde surgiu essa dúvida?

Com o tempo, passei a compreender várias situações que me paralisavam, mas o conhecimento não era suficiente para sair desse estado, porque o que me deixava inerte não era a situação ou o problema em si.

> O que me paralisava era a crença de desmerecimento que carregava em mim.

Essas crenças literalmente delimitavam até onde eu poderia ir. Eram elas que decidiam minhas escolhas, mesmo quando eu tinha consciência de que desejava seguir um rumo diferente. Elas podem ter sido ensinadas ou mesmo construídas no decorrer da minha vida e, com o passar do tempo, passaram a ser como um padrão de comportamento.

Diante do novo, do desconhecido, eu optava por ficar no meu lugar quentinho e confortável; afinal, já conheci bem aquele lugar "bom", mas extremamente desconfortável, em que vivia.

───────

Isso me lembrou uma história. Quando Gabriel, meu filho, era criança, fomos à praia e compramos seriguela. Ofereci a fruta a ele, que comeu e disse: "é bom, mas um pouco ruim". É assim mesmo. Existem crenças que podem nos dar a sensação de conforto, mas, se observarmos direitinho, vamos perceber que é uma certeza ruim, que nos impede de avançar. Assim, por repetição, eis que o limite foi estabelecido. Nesse caso, ficamos com um espaço muito menor, que não permite a expansão ou o desenvolvimento dos talentos e das possibilidades que a vida vai nos oferecendo.

Para quem não conhece a fruta seriguela, no início ela é bem docinha, mas no final é azeda. Deixei-o decidir se queria comer outra ou não.

Essa "linha" foi capaz de definir muita coisa em minha vida, limitando-a mais do que a própria deficiência física. Ela determinava a forma como tratava a mim mesma, minha autoimagem, meu conceito de capacidade, meus relacionamentos, enfim, o respeito comigo mesma. Era uma contradição: a deficiência física não me impossibilitou de nada, mas, mesmo assim, eu não era capaz de enxergar o quão longe tinha chegado ou quão resiliente eu era, exatamente por conta da linha, do limite que estabeleci em minha própria mente.

Entretanto, entendi que nenhuma das limitações que enxerguei em mim poderia ser considerada permanente, mesmo que parecessem. Independente de qual propósito tenha em minha vida, elas foram construídas diariamente, sedimentadas, tornando-se mais verdadeiras a depender da forma como aprendi a me enxergar. Foram os meus próprios afetos que estabeleceram até onde eu poderia ir.

Isso me leva a crer que a diferença entre o limite geográfico e o limite da mente é que o segundo não tem linhas imaginárias. Há somente linhas reais, ainda que o "real" possa não ser verdadeiro. Quando acreditei em inverdades, elas passaram a ser fundamento para todas as decisões e estratégias de enfrentamento em minha vida.

Veja bem que, após amputar a perna, a princípio, continuei a usar o mesmo estilo de roupas a que estava habituada: shorts, vestidos, calças. Há 30 anos, não era muito comum encontrar amputados usando roupas que mostravam a prótese. Entretanto, ouvi alguns comentários elogiosos, de admiração: "nossa, você ainda usa shorts, que bacana!". Achava que isso não deveria causar surpresa numa cidade onde a temperatura média é de 30°C. Ainda assim, o "aplauso" encontrava pouso numa mente que estava com dificuldade de aceitar meu novo eu sem perna. Os comentários serviram como uma luva para alimentar a insegurança que passei a ter a respeito de mim mesma e assim, com o passar do tempo, passei a me cobrir e não me permitia mais usar roupas que deixassem minhas pernas de fora.

Foi assim que renunciei ao meu estilo de vestir. Passei a considerá-lo algo condenável, como se ele pudesse escandalizar as pessoas que vissem uma cena assim. Porém, ao ceder a algo que poderia parecer bobagem, outras portas iam lentamente se fechando, reduzindo a minha capacidade de visão e expansão de futuro, de vida com prazer, de autoconfiança. Porque uma mentira, que era o "você não pode mostrar as pernas", passou a ser uma verdade, a ponto de parecer que me deixei vencer — e durante muito tempo foi exatamente o que aconteceu.

O limite que foi estabelecido em minha mente passou a ser real, ainda que não verdadeiro. Mas no mesmo lugar no qual essa crença estabeleceu raiz existia também um desejo, a princípio de reencontrar a Leila inteira, e, com o passar de mais um tempo, de viver a minha vida com liberdade de ser eu mesma, de gostar de mim, de andar ou me vestir da forma que me identifico. Cito a questão das roupas apenas como uma das situações das barreiras que enfrentei dentro de mim.

Entendi que alimentar o desejo de reencontrar aquela Leila, inteira, de duas pernas, além de frustrante, estimulava ainda mais a crença que me prendia, que punha limites severos não apenas no meu modo de vestir, mas na minha vida como um todo: na rigidez com que me tratava, na forma como me alimentava, no desrespeito com relação aos meus sentimentos e na ausência do meu amor-próprio.

> Foi com dor mesmo que decidi dar um basta e precisei passar minha vida a limpo, a cada dia, a cada situação que me permitia ser permissiva para agradar o outro quando nada me agradava.

Da mesma forma que a crença foi construída, um tijolo por vez até se tornar um muro alto e amplo, precisei desconstruí-la. Retirei os tijolos um a um, sem implodir toda a parede de uma vez, porque não saberia lidar com a implosão e, provavelmente, voltaria a erguer o muro.

Foi difícil enxergar o que fiz comigo, foi difícil me perdoar, mas esse é o caminho que de fato me fez ver novos e belos horizontes. Esta não é uma jornada em que desejo retroceder. As vivências que tenho experimentado me impulsionam cada vez mais a ampliar meus horizontes e a crer que, de fato, não tenho limites em mim, senão aqueles que eu mesma implantar.

Encorajo todos que encontro a começar a percorrer este caminho. Às vezes, vai parecer mais uma trilha, mas garanto que é muito bom avançar na própria mente, no autoconhecimento. Não há como enxergar retrocesso dentro do que já foi conquistado.

Hoje vivo aquilo que considerei por muito tempo impossível — e novamente não falo de uma vida perfeita e sem problemas. Mas tenho plena convicção e responsabilidade em afirmar, em semear esperança a alguém que possa viver de alguma forma limitada a um espaço tão pequeno, que nem dá para sonhar, que, sim, é possível estender os seus limites, avançar na área que desejar, mudar conceitos, formas de enxergar, criando expectativas com a vida, colocando cada emoção ou pensamento seu ou do outro exatamente no lugar em que deve estar.

> Não há tempo, idade, condição física ou financeira, currículo profissional que possa dizer: "Você não pode iniciar essa jornada".

Acredite, nós podemos e saberemos dar valor a cada passo, cada vitória, por menor que pareça. Ela é um prato delicioso de saborear. Experimentemos, olhemos para dentro de nós, não esperemos que outro faça isso. Seremos nós a construir esse caminho, com a certeza de que Aquele que fez todas as coisas debaixo dos céus diz: "Vai, te criei à minha imagem e semelhança, você não precisa continuar vivendo em cativeiros emocionais".

O tempo vivenciado em um "território" tão pequeno valeu para agradecer a imensidão dos horizontes que enxergo hoje. Amplio meus territórios despida, mas não nua. A minha vida me fez enxergar o poder de recuperação que possuo diante de acontecimentos inesperados. É incrível como, à medida que rompemos com essas amarras, nos libertando de culpas, olhamos para dentro de nós com respeito, dedicamos tempo para enxergar outras possibilidades. Como se o universo ou o mundo espiritual fosse se descortinando e as coisas fossem acontecendo para mostrar que você está indo na direção certa.

É como se fôssemos favorecidos e Deus soprasse no nosso ouvindo dizendo: "Vai, estou contigo!". E um desses acontecimentos, para mim, foi encontrar o Júlio, o anjo que me prestou socorro, me acudiu, foi minha companhia quando estava presa às ferragens do carro. Ele me manteve consciente, cuidou da minha vida sem nem ao menos saber meu nome, me acompanhou até o hospital, foi minha voz até a chegada dos meus irmãos, me acompanhou simplesmente porque ele é bom.

Foram algumas décadas até conhecê-lo. Fui com Cidinha, minha amiga desde a juventude, estava bem nervosa, respirando ofegante; afinal de contas, não queria invadir a vida dele e de sua família. Por outro lado, queria lhe dar um abraço. Quando o vi na portaria do prédio, não consegui dizer nada, só abracei e fui abraçada por ele e Conceição, sua esposa, que me recepcionou com muito carinho, preparando tudo para que o momento fosse o mais leve e bacana de todos. E assim foi.

Eu sou grata a Deus pela oportunidade de dizer muito obrigada ao Júlio por cuidar de mim. Sem suas ações, muito provavelmente não estaria aqui e, consequentemente, não teria vivenciado todo esse percurso que só me fez bem, apesar de ser dolorido.

Por um tempo, tive dúvidas se ele era real ou fruto da minha imaginação. Não existia celular, Google ou redes sociais para encontrar pessoas mais rapidamente naquela época. Mas ele não somente era real, como era a pessoa certa para estar ali. Sabia fazer o que era necessário para preservar minha vida enquanto o socorro não chegava. Ter essa consciência fortalece ainda mais minha fé em um Deus que tem controle sobre todas as coisas, que nos conduz a viver não da forma que desejamos, mas conforme o Seu propósito.

A sensação que tenho é de que, à medida que mergulhamos em nossa própria história, nos reconciliamos conosco e com situações que eram difíceis de encarar, revisitar, e estas vão tomando o lugar certo, deixando de ocupar a posição de destaque. Assim, situações como o encontro com Júlio simplesmente acontecem.

Existe uma jornada que cada um de nós precisa percorrer, a responsabilidade com a nossa própria vida. Com este livro, me despi das fronteiras, vergonhas ou culpa e me visto de esperança e possibilidades. Desejo, de todo meu coração, que esta história traga a você a certeza de que é possível sair do lugar onde você se encontra, por mais difícil que esteja aos seus olhos. Há esperança, há saída, há um percurso que pode até iniciar pesado, mas que, conforme você caminhar, vai fortalecendo crenças e abrindo novas possibilidades.

FONTE Adobe Garamond Pro
PAPEL Pólen Natural 80 g/m²
IMPRESSÃO Paym